中国石刻関係図書目録（2008－2012前半）稿

高橋 継男 編

明治大学東アジア石刻文物研究所

前　　言

　　編者が『中国石刻関係図書目録(1949－2007)　附『石刻史料新編』(全4輯)書名・著者索引』(汲古書院、2009年2月。以下、「前目録」と略称)を出版してから、4年が経過した。前目録は中国を中心に中国石刻関係図書の出版が、「文革」後、ことに1990年前後から盛んになったにもかかわらず、この分野の総合的な図書目録が作成されていない現状に鑑みて、1949年から2007年(2008年のものを若干含む)までの関係図書名を採録し、巻末に、民国時代以前の関係図書をほぼ網羅的に影印・収録した『石刻史料新編(全4輯)』全100冊(台湾新文豊出版公司、1977年12月～2006年7月)の書名・著者索引を附すことにより、当目録一冊で2007年まで出版された中国歴代の石刻関係図書を一覧できることを目ざしたものであった。

　　幸い前目録の出版後、気鋭の若手研究者、仇鹿鳴、堀内淳一、堀井裕之、梶山智史の各氏が、内外の学術誌に前目録の書評、新刊紹介を執筆され(本目録の図書番号4025.参照)、一定の評価を与えられた。

　　しかし、2008年以降も中国を中心とする石刻関係図書の出版の勢いは衰えず、とりわけ全国にわたって地方の市・県レベルの資料集の刊行が目立っている。2009年8月から刊行が開始された、山西省内の県(市・区)ごとに1巻、全125巻を予定している『三晋石刻大全』(本目録の図書番号 0212.参照)は、その代表的な例であろう。また、碑刻はともかく墓誌についての関心は、従来は隋唐あたりまでを主としていたが、近年は宋以後、明清までの墓誌も資料集に多数収録され、宋～明清墓葬の発掘も盛んとなっている。要するに、石刻に対する関心は、地域的にも時代的にも一層拡大し、かつ深化していると見なされる。

　　このような状況をふまえて、このたび、氣賀澤保規教授代表の平成22年～平成24年度科学研究費補助金(基盤研究(B))の研究課題「六朝隋唐をめぐる仏教社会基層構造の解明と仏教石刻資料データベースの構築」に研究分担者として参加させていただいた機会に、前目録の続編、すなわちほぼ近5年に刊行された関係図書名を収録した本目録を作成したしだいである。

　　なお、梶山智史氏にはいくつかの図書データのご教示にあずかったが、考古発掘報告書の方面など、調査が行きとどかないところが残っており、その他、編者の未知の関係図書が少なからず存在するであろうと思う。書名に「稿」と附した所以であるが、それらの補訂は将来の機会をまつことにしたい。

中国石刻関係図書目録(2008－2012前半)稿 目次

前 言　　　　　　　　　　　　　　　　　　　　　　　　　　　　i

凡 例

I　資料性図書　　　　　　　　　　　　　　　　　　　　　（図書番号）
　　A　総合性大型図書　　　　　　　　　　　　　　　　　0001a～0006
　　　　附録1　碑帖・書道(書法)関係図書　　　　　　　　0007～0011
　　　　附録2　石窟・造像(雕塑)関係図書　　　　　　　　　　　0012
　　B　南北朝以前を主とする図書　　　　　　　　　　　　0013～0045
　　　　附録1　陶磚銘文・瓦当関係図書　　　　　　　　　0046a～0062
　　　　附録2　画像石磚関係図書
　　　　　　①　広域　　　　　　　　　　　　　　　　　　0063～0067
　　　　　　②　山西省　　　　　　　　　　　　　　　　　0068～0069
　　　　　　③　江蘇省・浙江省　　　　　　　　　　　　　0070～0071
　　　　　　④　山東省　　　　　　　　　　　　　　　　　0072～0079
　　　　　　⑤　河南省　　　　　　　　　　　　　　　　　0080～0083
　　　　　　⑥　四川省・甘粛省　　　　　　　　　　　　　0084～0085
　　　　附録3　岩画関係図書　　　　　　　　　　　　　　0086～0106
　　　　附録4　高句麗広開土王(好太王)碑　　　　　　　　0107～0109
　　　　附録5　王羲之・王献之全集　　　　　　　　　　　0110～0114
　　C　隋唐五代を主とする図書　　　　　　　　　　　　　0115～0147
　　　　附録　唐代書法名家個人全集　　　　　　　　　　　0148～0151
　　D　宋以後を主とする図書
　　　　　　①　広域　　　　　　　　　　　　　　　　　　0152～0169
　　　　　　②　北京市・天津市　　　　　　　　　　　　　0170～0189
　　　　　　③　河北省　　　　　　　　　　　　　　　　　0190～0204
　　　　　　④　山西省　　　　　　　　　　　　　　　　　0205～0228
　　　　　　⑤　内蒙古自治区　　　　　　　　　　　　　　0229～0231
　　　　　　⑥　遼寧省　　　　　　　　　　　　　　　　　0232～0239
　　　　　　⑦　上海市・江蘇省　　　　　　　　　　　　　0240～0259

⑧	浙江省	0260〜0286
⑨	安徽省	0287〜0293
⑩	福建省	0294〜0306
⑪	江西省	0307〜0309
⑫	山東省	0310〜0331
⑬	河南省	0332〜0348
⑭	湖北省	0349〜0352
⑮	湖南省	0353a〜0354
⑯	広東省	0355〜0363
⑰	海南省	0364〜0366
⑱	広西壮族自治区	0367〜0372
⑲	重慶市・四川省	0373〜0378
⑳	貴州省	0379〜0382
㉑	雲南省	0383〜0392
㉒	陝西省	0393〜0401
㉓	甘粛省	0402〜0405
㉔	寧夏回族自治区	0406〜0407
㉕	台湾	0408〜0410

（B〜D）附録1　碑帖・書道（書法）関係図書　　　　　　　　　0411〜0446
（B〜D）附録2　石窟・造像・雕刻関係図書

①	広域	0447〜0470
②	北京市	0471〜0475
③	河北省	0476〜0478
④	山西省	0479〜0494
⑤	遼寧省	0495〜0496
⑥	江蘇省	0497〜0498
⑦	浙江省	0499〜0502
⑧	安徽省	0503〜0504
⑨	山東省	0505
⑩	河南省	0506a〜0512
⑪	湖南省	0513〜0516
⑫	重慶市・四川省	0517〜0523
⑬	広東省・雲南省	0524〜0526
⑭	西蔵自治区	0527〜0530

⑮	陝西省	0531〜0535
⑯	甘粛省	0536〜0538
⑰	青海省・寧夏回族自治区・新疆維吾爾自治区	0539〜0541

(B〜D) 附録3　石窟志・石窟内容総録

①	四川省・甘粛省	0542〜0543
②	新疆維吾爾自治区	0544〜0546

(B〜D) 附録4　寺廟祠志

①	北京市	0547
②	山西省	0548〜0549
③	上海市・江蘇省	0550〜0552
④	浙江省	0553〜0557
⑤	福建省	0558〜0562
⑥	山東省・河南省	0563〜0564
⑦	湖南省・四川省	0565〜0566
⑧	広東省・雲南省	0567〜0569
⑨	陝西省・甘粛省・青海省	0570〜0572
⑩	香港	0573
⑪	台湾	0574〜0580

Ⅱ　考古調査発掘報告書・新出土文物図録

①	北京市	1001〜1005
②	河北省・山西省	1006〜1009
③	遼寧省	1010〜1014
④	吉林省	1015〜1017
⑤	黒龍江省	1018〜1021
⑥	上海市・江蘇省	1022〜1025
⑦	浙江省・安徽省	1026〜1032
⑧	江西省	1033
⑨	山東省	1034〜1035
⑩	河南省	1036〜1049
⑪	湖北省	1050〜1051
⑫	広東省	1052
⑬	重慶市・四川省	1053〜1059
⑭	貴州省・雲南省	1060〜1062
⑮	陝西省	1063〜1069

		⑯ 甘粛省・寧夏回族自治区		1070〜1075
		⑰ その他		1076〜1077
	附録1	第三次全国文物普査関係図書		
		① 全国		1078〜1083
		② 北京市・河北省		1084〜1086
		③ 山西省		1087〜1101
		④ 黒龍江省		1102〜1109
		⑤ 内蒙古自治区・遼寧省		1110〜1112
		⑥ 上海市・江蘇省		1113〜1131
		⑦ 浙江省		1132〜1173
		⑧ 安徽省		1174〜1175
		⑨ 福建省・江西省		1176〜1178
		⑩ 山東省		1179〜1184
		⑪ 河南省		1185〜1188
		⑫ 湖北省		1189〜1190
		⑬ 湖南省		1191〜1192
		⑭ 広東省・海南省		1193〜1197
		⑮ 重慶市・四川省		1198〜1208
		⑯ 貴州省		1209〜1212
		⑰ 雲南省		1213〜1215
		⑱ 陝西省		1216〜1221
		⑲ 甘粛省・青海省		1222〜1223
		⑳ 新疆維吾爾自治区		1224〜1225
	附録2	展覧会図録・目録		1226〜1255
Ⅲ	概説・研究図書			
	A	総述・通論		2001〜2023
	B	南北朝以前を主とする図書		2024〜2072
		附録1　陶磚銘文・瓦当関係図書		2073〜2079
		附録2　画像石磚関係図書		2080〜2125
		附録3　岩画関係図書		2126〜2157
		附録4　高句麗広開土王(好太王)碑関係図書		2158〜2161
	C	隋唐五代を主とする図書		2162〜2198
	D	宋以後を主とする図書		
		① 広域		2199〜2209

② 北京市・天津市　　　　　　　　　　　　　2210〜2221
　　③ 河北省　　　　　　　　　　　　　　　　　2222〜2227
　　④ 山西省　　　　　　　　　　　　　　　　　2228〜2232
　　⑤ 内蒙古自治区・遼寧省・吉林省　　　　　　2233〜2239
　　⑥ 黒龍江省　　　　　　　　　　　　　　　　2240〜2243
　　⑦ 江蘇省　　　　　　　　　　　　　　　　　2244〜2249
　　⑧ 浙江省・安徽省　　　　　　　　　　　　　2250〜2254
　　⑨ 福建省・江西省　　　　　　　　　　　　　2255〜2258
　　⑩ 山東省　　　　　　　　　　　　　　　　　2259〜2264
　　⑪ 河南省　　　　　　　　　　　　　　　　　2265〜2268
　　⑫ 湖北省・湖南省　　　　　　　　　　　　　2269〜2272
　　⑬ 広東省・海南省　　　　　　　　　　　　　2273〜2277
　　⑭ 広西壮族自治区　　　　　　　　　　　　　2278〜2279
　　⑮ 四川省・貴州省・雲南省　　　　　　　　　2280〜2285
　　⑯ 陝西省　　　　　　　　　　　　　　　　　2286〜2292
　　⑰ 甘粛省　　　　　　　　　　　　　　　　　2293〜2295
　　⑱ 新疆維吾爾自治区　　　　　　　　　　　　　　2296
　　⑲ 香港・澳門　　　　　　　　　　　　　　　2297〜2300
　　⑳ 台湾　　　　　　　　　　　　　　　　　　2301〜2303
（A〜D）附録　石窟・造像・雕刻関係図書
　　① 広域　　　　　　　　　　　　　　　　　　2304〜2368
　　② 河北省　　　　　　　　　　　　　　　　　2369〜2370
　　③ 山西省　　　　　　　　　　　　　　　　　2371〜2381
　　④ 遼寧省　　　　　　　　　　　　　　　　　2382〜2383
　　⑤ 江蘇省　　　　　　　　　　　　　　　　　2384〜2387
　　⑥ 浙江省　　　　　　　　　　　　　　　　　　　2388
　　⑦ 山東省　　　　　　　　　　　　　　　　　2389〜2394
　　⑧ 河南省　　　　　　　　　　　　　　　　　2395〜2401
　　⑨ 海南省　　　　　　　　　　　　　　　　　　　2402
　　⑩ 四川省　　　　　　　　　　　　　　　　　2403〜2418
　　⑪ 雲南省　　　　　　　　　　　　　　　　　2419〜2420
　　⑫ 陝西省　　　　　　　　　　　　　　　　　2421〜2430
　　⑬ 甘粛省　　　　　　　　　　　　　　　　　2431〜2447
　　⑭ 新疆維吾爾自治区　　　　　　　　　　　　2448〜2453

			⑮　その他	2454～2455
	E	題跋(叙録)・碑帖関係図書		2456～2501
		附録1　碑学関係図書		2502～2504
		附録2　書道(書法)関係図書		2505～2628
		附録3　金石家(清代後期以後)関係図書		2629～2650
	F	校点・校注・校補図書		2651～2680
	G	石刻・碑帖・書道(書法)関係邦訳図書		2681
	H	石刻紀行関係図書		2682
	I	伝拓関係図書		2683～2686
IV	字体(字形)関係図書			
	A	石刻文字・異体字(俗字・別字)関係図書		3001～3036
	B	その他の字典・字書		3037～3093
V	目録(索引)・地図			
	A	石刻・刻工目録		4001～4012
		附録　石刻(墓誌)に基づく索引		4013～4016
	B	機関(個人)所蔵石刻・拓本目録(図録)		
		①　中国		4017～4021
		②　台湾		4022
		③　日本		4023
	C	石刻文献目録・地図		4024～4029
		附録　考古学関係文献目録・年鑑・地図		4030～4037
		[参考]　考古研究文献集成		4038a～4044

凡　　例

1．本目録は、2008年から2012年前半に中国および諸国・諸地域で出版された、中国歴代の石刻に関する図書名を採録する。
2．2012年後半に入ってから刊行されたもの（近刊予告を含む）も、2013年3月初めまでに知り得た限りで記載する。
3．採録する石刻関係図書の範囲、およびその分類・編集方針は、拙編『中国石刻関係図書目録(1949－2007)　附『石刻史料新編』(全4輯)書名・著者索引』のそれらを踏襲するが、「附録」の部分に次の項目を新たに附け加えた。
　　　Ⅰ－Ｃ　附録　唐代書法名家個人全集
　　　Ⅰ－(Ｂ～Ｄ)附録1　碑帖・書道(書法)関係図書
　　　Ⅰ－(Ｂ～Ｄ)附録4　寺廟祠志
　　　Ⅱ　附録1　第三次全国文物普査関係図書
　　　Ⅲ－Ｅ　附録1　碑学関係図書
　　　Ⅴ－Ａ　附録　石刻(墓誌)に基づく索引
4．書名の前に、大分類ごとにそれぞれ、Ⅰ 資料性図書（0001～)、Ⅱ 考古調査発掘報告書・新出土文物図録（1001～）、Ⅲ 概説・研究図書（2001～）、Ⅳ 字体(字形)関係図書（3001～）、Ⅴ 目録(索引)・地図（4001～）から始まる固有の通し番号を附した。
5．出版データに関する原書の正字(繁体字)や簡体字は、原則として日本の常用漢字で表記する。

中国石刻関係図書目録(2008－2012前半)稿

中国石刻関係図書目録(2008－2012前半)稿

I 資料性図書
A 総合性大型図書

0001a. **新中国出土墓誌・河南〔参〕千唐誌斎〔壹〕** 全2冊 中国文物研究所・千唐誌斎博物館編 文物出版社 2008年1月

　　　千唐誌斎博物館が1990年代半ばから新たに蒐集した洛陽地域出土の墓誌、北魏2、東魏1、隋5、唐333、五代3、北宋4、明2、合計350点の拓本写真と釈文を収録。

0001b. **新中国出土墓誌・河南〔肆〕千唐誌斎〔貳〕** 全2冊 中国文物研究所・千唐誌斎博物館編 文物出版社 （刊行予告）

0001c. **新中国出土墓誌・河南〔伍?〕洛陽師範学院巻** 全2冊 中国文物研究所・洛陽師範学院編 文物出版社 （刊行予告）

0001d. **新中国出土墓誌・上海天津** 全2冊 中国文化遺産研究院・上海博物館・天津市文化遺産保護中心編 文物出版社 2009年6月

　　　上海地区出土(収集を含む)墓誌199点(北魏1、唐7、宋20、元9、明131、清24、民国4)・附録4点(明3、清買地券1)、天津地区出土(収集を含む)墓誌60点（北斉1、唐1、遼1、明37、清19、民国1)・附録1点(明買地券1)、合計264点の拓本写真と釈文を収録する。

0002a. **金石史料新編 第一輯** DVD-ROM1枚 （雕龍古籍全文検索叢書26） （日本）凱希メディアサービス 2009年9月

0002b. **金石史料新編 第二輯** DVD-ROM1枚 （雕龍古籍全文検索叢書32） （日本）凱希メディアサービス 2010年10月

　　　《石刻史料新編 第一輯・第二輯》台湾新文豊出版公司 1977年・1979年の電子版。

0003. **歴代碑誌叢書**（電子版） 歴代碑誌叢書編纂委員会編 黄山書社 2010年1月

　　　宋～近代の代表的な石刻書85種を精選し影印した《歴代碑誌叢書》全25冊（中国東方文化研究会歴史文化分会編 張忱石主編 江蘇古籍出版社 1998年4月）の電子版。

0004. **大理叢書・金石篇** 全5冊 張樹芳・趙潤琴・田懐清主編 雲南民族出版社 2010年12月

　　　1993年初版本に1992年以来発見の重要碑刻や遺漏の重要碑刻を増収し、原本を校勘する。

0005. **地方金石志彙編** 全80冊 （地方専志叢刊） 国家図書館出版社輯 国家図書館出版社 2011年6月

　　　民国期までの地方性の金石関係書144種を影印収録する。台湾新文豊出版公司刊《石刻史料新編》全4輯に未収のもの76種を含む。

0006. **中国地方志仏道教文献彙纂：詩文碑刻巻** 全496冊 何建明主編 国家図書館出版社 2012年12月?

　　　《中国地方志仏道教文献彙纂》は《人物巻》131冊、《寺観巻》406冊と合計して全1033冊。1949年以前に編纂された地方志6800余種から関係資料を収集し、各地区・省市県ごとに記事を配列するという。

附録1　碑帖・書道（書法）関係図書

0007. **中国書法全集**　全100余巻（予定）　劉正成［等］主編　栄宝斎出版社　1991年10月
～（刊行中）
　　　　既刊、第1～14、16～23、25～27、30、32～38、40～41、43～47、49～67、70
～71、73～78、82～83、86、92巻、合計70巻？　[1]**甲骨文**　劉一曼・馮時主
編、[2]**商周金文**　叢文俊主編、[3]**春秋戦国金文**　叢文俊主編、[4]**春秋戦国刻石
簡牘帛書**　徐陽主編、[5～6]**秦漢簡牘帛書：附漢代名家**　沃興華主編、[7～8]
秦漢刻石　何應輝主編、[9]**秦漢金文陶文**　王鏞主編、[10～11]**三国両晋南北朝
碑刻摩崖**　孫伯翔・呉鴻清主編、[12]**北朝摩崖刻経**　頼非主編、[13]**三国両晋南
北朝墓誌**　華人徳主編、[14]**両晋・南北朝写経写本**　華人徳主編、[16～17]**北朝
造像題記**　宮大中主編、[18～19]**王羲之・王献之：附王氏一門**　劉濤主編、[20]
魏晋南北朝名家　荘希祖主編、[21]**欧陽詢・虞世南**　朱関田編、[22]**褚遂良：附
初唐名家**　朱関田主編、[23]**李邕：附盛中唐名家**　朱関田主編、[25～26]**顔真卿**
　朱關田主編、[27]**柳公権：附柳公綽**　呉鴻清主編、[30]**隋唐五代墓誌**　宮大中
主編、[37～38]**米芾**　曹宝麟主編、[63]**傅山**　林鵬主編、[82]**于右任**　王澄主編、
[92]**先秦璽印**　徐暢主編、などを収める。

0008. **中国歴代法書精品大観**　全100冊　《中国歴代法書精品大観》編委会編　文物出版
社・紫禁城出版社　2009年1月
　　　　晋の陸機・王羲之から明の董其昌・倪元璐まで歴代の著名な書家・文人約50家の
代表的な作品を収める。

0009. **中国法書全集**　全18冊　（中国美術分類全集）　中国古代書画鑑定組編　啓功主編
　文物出版社　2009年3月～2011年12月
　　　　[1]**先秦秦漢**　宋鎮豪巻主編　2009年3月、[2]**魏晋南北朝**　王靖憲巻主編　2009
年8月、[3～5]**隋唐五代**　蘇士澍巻主編　2009年8月、[6～8]**宋**、馬宝傑巻主
編　2011年12月、[9～11]**元**　王連起巻主編　2011年12月、[12～15]**明**　蕭
燕翼巻主編　2009年5月、[16～18]**清**　単国霖巻主編　2010年12月、
　　　走進古文字書法的世界：読《中国法書全集：先秦秦漢巻》　劉義峰　中国文物報
2009年7月8日

0010. **中国碑刻全集**　全6冊　（中国美術分類全集）　王靖憲主編　中国碑刻全集編輯委員
会編　人民美術出版社　2010年1月
　　　　各時期の著名な碑碣、摩崖、墓誌、造像題記と画像石題榜等の碑刻拓本60種を、
[1]**戦国秦漢**、[2]**漢三国晋十六国**、[3]**南北朝**、[4]**南北朝隋唐**、[5]**唐**、[6]**唐五
代宋金元**、に分けて原色カラーで収録。

0011. **中国美術全集**（新版）　全51冊　金維諾総主編　黄山書社　2010年5月～2010年
12月
　　　　画像石画像磚3巻・書法3巻・篆刻1巻・石窟寺雕塑3巻・宗教雕塑2巻・墓葬
及其他雕塑2巻・版画岩画1巻・総論総目録1巻を含む。

附録2　石窟・造像（雕塑）関係図書

0012. **中国陵墓雕塑全集**　全8冊　（中国美術分類全集）　中国陵墓雕塑全集編輯委員会編

陝西人民美術出版社　2007年12月～(刊行中)
　　　[1]**史前到秦代**　袁仲一・李星明主編　2011年7月、[2]**西漢**　湯池・林通雁主編　2009年10月、[3]**東漢三国**　林通雁主編　2009年10月、[4]**両晋南北朝**　張道一・李星明主編　2007年12月、[5・6]**隋唐1・2**　李星明[等]主編、[7]**五代両宋**　李星明主編、[8]**元明清**　李星明主編、からなる予定という。

B　南北朝以前を主とする図書

0013.　**晋陽古刻選：北朝墓誌巻**　太原市三晋文化研究会編　山西人民出版　2008年1月
　　　北朝の墓誌、北魏2、東魏1、北斉21、北周1、不詳1、合計26点の拓本写真を収録する。

0014.　**墓誌銘集粋：釈文本**　全2冊　(中国古代経典碑帖3)　盧公編　光明日報出版社　2008年3月

0015.　**石刻千字文**　全3冊　安岡孝一編　(日本)京都大学21世紀COE「東アジア世界の人文情報学研究教育拠点」　2008年3月

0016.　**簠斎蔵金石拓片三種**　(回風宧過眼録　第1輯)　黄苗子主編　栄宝斎出版社　2008年4月
　　　陳介祺所蔵の3種拓本(六朝諸家石仏造像、斉魏隋唐諸家造像、簠斎蔵鏡)を収録。

0017.　**中国北朝石刻拓片精品集**　全2冊　李仁清編　大象出版社　2008年4月
　　　碑刻・墓誌20点、高浮雕造像22点、仏教造像碑35点の拓本写眞と説明文を収める。

0018.　**北朝仏教石刻拓片百品**　(中央研究院歴史語言研究所珍蔵史料暨典籍系列3)　顔娟英主編　(台湾)中央研究院歴史語言研究所　2008年5月
　　　中央研究院歴史語言研究所傅斯年図書館館蔵拓本から、北魏33種・東魏13種・西魏8種・北斉38種・北周8種の計100種を精選収録。釈文と拓本の説明を掲載し、歴代著録題名対照表を附す。
　　　《北朝仏教石刻拓片百品》対金石著録編写的啓発　趙超　中国文物報2009年11月13日

0019.　**全北斉北周文補遺**　韓理洲[等]輯校編年　三秦出版社　2008年6月
　　　厳可均編纂《全上古三代秦漢三国六朝文》中の〈全北斉文〉〈全後周文〉の補遺として、北斉文596篇・北周文216篇、高昌文56篇、北朝不明38篇、合計906篇を収録し、補遺の後に〈全北斉文補遺年表〉〈全後周文補遺年表〉を附す。

0020.　**魏墓誌精粋**　上海書画出版社編　上海書画出版社　2008年7月

0021.　**鞏県石窟北朝造像全搨**　河南省鞏義市文物局　周国卿編著　国家図書館出版社　2008年11月
　　　代表的な造像題記、北魏1、東魏12、西魏13、北斉31、北周2、合計49品の拓本に考釈と校注を加えるという。

0022.　**漢魏六朝碑刻校注**　全10冊　(中国石刻文献研究叢刊4)　毛遠明校注　綫装書局　2008年12月
　　　2007年までに公表或いは出土の碑刻(碑碣・石闕・摩崖・画像題記・地券・墓誌・鎮墓文・造像記・刻経記・仏経節縮刻石など含む)1417点(前漢10・新4・後

漢164・魏16・蜀2・呉7・西晋37・東晋39・前燕1・後燕1・前秦4・後秦2・後趙2・北涼1・宋9・斉7・梁23・陳2・北魏556・東魏154・西魏27・北斉268・北周79・南北朝2)を収録。年代順に配列し、写真或いは拓本の図版に釈文と詳細な注釈を附す。

漢魏六朝碑刻校注・總目提要　毛遠明校注　綫装書局　2008年12月

0023. **張祖翼経典蔵拓系列：魏碑　第1輯**　全21枚？　李陽洪・卞兆明[等]主編　重慶出版社　2009年1月

張祖翼(1849-1917)が収蔵した北魏・東魏・西魏合計19種の拓本を影印。

0024. **秦漢刻石選訳**　李檣著　文物出版社　2009年4月

秦漢時期の刻石41点を収録。題記、原文、注釈、訳文を掲載。

0025. **渉県北斉刻経**　全2冊　欧陽中石編著　万巻出版公司　2009年9月

梳妝樓《思益梵天所問經》・中洞及北洞《十地經》・鼓樓両側《深密解脱經》の拓本及び同じ部分の大蔵経経文を収録する。

0026. **長武北朝造像石刻録**　長武県博物館編・印　2009年

0027. **北魏経典墓誌叢帖**　全12冊　曹彦偉編？　中国書店　2010年3月？

0028. **昌楽県漢代石刻**　昌楽県文化新聞出版局編纂　中国国際文化出版社　2010年4月

0029. **曹操高陵新出土石刻選**　鄭志剛・尚暁周編著　河南美術出版社　2010年4月

曹操陵墓と目されている高陵出土の刻銘石牌・画像石の写真を収め、十六国時期後趙の魯潜墓誌の拓本写真を附録。

0030. **新見秦漢魏唐銘刻精選**　許雄志・崔学順編著　河南美術出版社　2010年6月

秦銘刻1、西漢磚刻5、東漢石磚刻14、北魏墓誌1、東魏墓誌2、西魏墓誌2、北斉石刻1、唐(燕)墓誌2、合計28点の原物・拓本写真、釈文を収める。

0031. **蓬萊宿約：故宮蔵黄易漢魏碑刻特集**　秦明主編　故宮博物院編　紫禁城出版社　2010年8月

故宮博物院所蔵、清の著名な金石家黄易旧蔵の漢魏碑刻拓本40余種を影印収録し、文物・碑石紹介、黄易著録(題跋)、筆者按語、参考文献を附す。

0032. **済寧市博物館館蔵刻石精粹**　全1函2冊　山東省済寧市文物局編　広陵書社　2010年11月

漢碑刻10通，魏唐刻石5通，元明清石刻10通，漢画像石21通を収める。

0033. **守望：棲霞地区南朝石刻大観**　南京市棲霞区地方志編纂委員会編　方志出版社　2010年12月

棲霞・江寧・句容・丹陽地区の帝王陵前の南朝石刻、出土墓誌や棲霞山の千仏岩千仏造像を紹介。

0034. **鄒城北朝仏教刻経全集**　(鄒城市文史資料第21輯)　全1函2冊　政協鄒城市文史委員会編　胡新立主編　中国文史出版社　2010年12月

鉄山・崗山・葛山・尖山・嶧山の刻経拓本写真を影印。

0035. **全北魏東魏西魏文補遺**　韓理洲[等]輯校編年　三秦出版社　2010年12月

厳可均編纂《全上古三代秦漢三国六朝文》中の〈全後魏文〉の補遺。北魏文・東魏文・西魏文、合計1547篇の釈文を収録し、補遺の後に〈全後魏文補遺年表〉を附す。墓誌478篇(北魏375、東魏66、西魏9、年月不詳28)・造像記792篇(北魏

468、東魏259、西魏65)で多数を占める。

0036. **貞石之魂：閑逸斎碑刻拓片蔵珍** 全1函6冊　馬建国主編　広陵書社　2011年3月
　　　　河南馬建国氏の私家蔵品。造像碑(109品)と造像題記(龍門354品、鞏県石窟寺128品)の二部で構成し、一品ごとに拓本写真・釈文・解説を付す。

0037. **石窟寺造像題記精粋**　劉応濤編　河南美術出版社　2011年6月
　　　　代表的な後漢の摩崖石刻、北朝〜唐代の造像題記の早期拓本40点を精選収録。

0038. **北朝石刻資料選注(1)**　「北朝石刻資料の研究」班訳　東方学報・京都86　(日本)京都大学人文科学研究所　2011年8月

0039. **魯迅輯校石刻手稿：碑銘・造像・墓誌**　全7冊　(魯迅大全集　第22〜28巻　学術編)　李新宇・周海嬰主編　長江文芸出版社　2011年9月

0040. **洛陽北魏墓誌精選十二品**　洛阳市文物工作隊編　文物出版社　2011年9月
　　　　近年、邙山地区から出土した北魏墓誌12点を原寸大で紹介する。

0041. **文化安豊**　賈振林編著　大象出版社　2011年11月
　　　　河南省安陽県安豊郷の文化遺産を、[1]曹操高陵、[2]西門豹祠、[3]漁洋文化、[4]固岸墓地、[5]英烈万感楼、[6]古墓誌銘集粋、[7]古碑刻集粋、[8]古遺址、[9]民間文化遺迹、[10]其他文化遺迹に分け、大量の碑誌石刻資料を収録する。特に[6]に安豊郷とその周辺から出土した墓誌196点(後趙1、北魏3、東魏40、北斉101、北周5、隋14、唐24、後晋1、元3、明4)、[7]に碑刻10点(西晋3、清7)の拓本写真と釈文を収める。

0042. **聖殿里拾来的文明**　鄭州市華夏文化芸術博物館編　文物出版社　2011年12月
　　　　北魏8、隋1、唐1、合計10点の墓誌の拓本写真を含む。

0043. **龍門石窟造像題記精粋**　白立献・梁徳水編著　河南美術出版社　2012年6月

0044. **歩黟堂蔵石刻造像遺珍**　唐存才編著　上海書画出版社　2012年10月
　　　　石刻造像残石、北魏・東魏・北斉など北朝60、隋1、唐5、合計66点の拓本写真を収録するという。

0045. **北京大学図書館新蔵金石拓本菁華(1996-2012)**　胡海帆・湯燕編　北京大学出版社　2012年12月
　　　　金属器類4、陶器類2(16種)、碑誌類198、法帖類38、合計242点を収録。

附録1　陶磚銘文・瓦当関係図書

0046a. **国家図書館蔵陳介祺蔵古拓本選編：瓦当巻**　国家図書館金石拓片組編　袁玉紅編撰　浙江古籍出版社　2008年6月

0046b. **国家図書館蔵陳介祺蔵古拓本選編：古磚巻**　国家図書館金石拓片組編　盧芳玉編撰　浙江古籍出版社　2008年6月

0047. **中国古代磚刻銘文集**　全2冊　胡海帆・湯燕編著　文物出版社　2008年8月
　　　　[上]は図版、[下]は図版説明。戦国〜清代の磚文2005種(乾刻1338種、濕刻667種)を収録。うち戦国2、秦7、漢694、三国魏16、三国呉8、晋123、十六国15、南朝宋11、斉15、梁7、南朝(無紀年)17、北魏77、東魏13、西魏3、北斉37、北周4、北朝(無紀年)25、高昌28、隋36、鄭1、唐124、渤海1、五代2、十国11、宋587、遼8、金15、元48、明51、大順1、清18。

0048. **雍城秦漢瓦当集粋**　全1函4冊　(陝西省考古研究院文物精品図録叢書)　焦南峰・

田亜岐・王保平・景宏偉編　三秦出版社　2008 年 10 月
　　　　雍城遺址で発見された 363 件の瓦当拓本を収録するという。

0049. **中国古代瓦当紋飾図典**　金建輝編　浙江古籍出版社　2009 年 1 月
　　　　約 500 幅の拓本や線描図を用いて瓦当の紋様を再現し、それぞれの年代・紋様形式・器物の出土地点などを紹介。

0050. **歴代陶文研究資料選刊続編**　全 3 冊　賈貴栄・張愛芳選輯　国家図書館出版社　2009 年 4 月
　　　　清代・民国学者による歴代陶文の研究資料 12 種、(清)程敦録《瓦当文字》《続秦漢瓦当文字》、呉騫撰《陽羡名陶録》、藍浦撰、鄭廷桂補輯《景徳鎮陶録》、(清)劉鶚《鉄雲蔵陶》《鉄雲蔵瓦》、呉隠蔵編《遯盦古磚存》、(清)呉大澂蔵・呉隠編《愙斎磚瓦録》、王樹枬輯《漢魏六朝磚文》、黄文弼編著《高昌甎集》、顧廷龍輯《古匋文香録》、黄中慧輯《琴帰室瓦当文鈔》を影印する。

0051. **絲路漢痕：涼山漢晋磚集粋**　劉海林・潘用良編　巴蜀書社　2009 年 7 月

0052. **秦陶文新編：考釈・図版**　全 2 冊　袁仲一・劉鈺編著　文物出版社　2009 年 8 月
　　　　『秦代陶文』(三秦出版社、1987 年) 収録の 1610 件を基礎に、その後の考古発掘成果をふまえ、2005 年までに出土した秦陶文及刻符 3370 件を収録、大部分は戦国中晩期から秦朝時期の陶文。

0053. **寒金冷石文字**　王献唐編　青島出版社　2009 年 8 月

0054. **東漢刑徒墓磚：飛雲会創立七十周年記念出版**　（日本・神戸）飛雲会　2009 年 10 月

0055. **海岳楼金石叢編**　王献唐編　青島出版社　2009 年 11 月
　　　　王献唐編《漢魏石経残字》2 巻：《漢魏石経残字》・屈万里撰《漢魏石経残字校録》1 巻・王献唐撰《漢魏石経残字叙》を含む。

0056. **海岳楼金石叢拓**　全 2 冊　王献唐編　青島出版社　2009 年 11 月
　　　　劉喜海撰《封泥貨布文字》、陳介祺撰《秦詔量瓦集拓》、《十鐘山房金文》、《二百鏡斎鏡文》、《斉魯陶文》を収録。

0057. **石陶文字拓片与王献唐題跋**　（西北民族大学図書館珍貴文献叢書）　陳自仁・楊莉著　甘粛人民美術出版社　2010 年 8 月

0058. **西嶽廟蔵当**　全 1 函 2 冊　（陝西省考古研究院文物精品図録叢書）　陝西省考古研究院・西嶽廟文物管理処編　三秦出版社　2010 年 12 月
　　　　陝西省華陰県西嶽廟所蔵と廟内出土の漢代〜清代の瓦当約 200 枚を収録する。

0059. **南詔大理国瓦文**　田懐清著　（南詔大理歴史文化研究叢書）　雲南人民出版社　2011 年 3 月

0060. **阿英旧蔵金石拓片：瓦当集**　凡一・凡暁旺編　文匯出版社　2011 年 7 月
　　　　《阿英旧蔵金石拓片.瓦当集》古呉軒出版社　1993 年版の増訂版。

0061. **東漢刑徒磚擩存**　王木鐸・王沛編　国家図書館出版社　2011 年 10 月
　　　　漢魏洛陽故城後漢刑徒墓から出土、或いはその附近で採集した墓磚 216 点を年月日順に収録。

0062. **古磚経眼録：江西篇**　黎旭・呉坤龍編著　中国書店　2012 年 1 月
　　　　江西で近十数年間に発見された後漢〜民国時期の古磚から 125 点（後漢 45・西晋 2・東晋 3・南北朝 4・隋 3・唐 2・五代十国 1・北宋 6・南宋 3・元 2・明 38・清 15・民国 1）を精選し、原石の写真と拓本釈文などを収録する。

附録2　画像石磚関係図書

① 広域

0063. **西王母文化研究集成：図像資料巻**　陸志紅主編　広西師範大学出版社　2009 年 3 月
　　　　西王母に関する画像石 176 幅、銅鏡 186 幅、合計 362 幅を収録。
0064. **金伯興題記経典磚拓二百品**　（中国民間蔵宝鑑賞叢書）　王琳編著　天津古籍出版社 2009 年
0065. **歴史博物館珍蔵的漢代磚画**　国立歴史博物館編　（台湾）政府出版物　2010 年 1 月
0066. **画像石画像磚**　（中国美術全集）　全 3 冊　信立祥編　黄山書社　2011 年 6 月
0067. **中国画像石棺全集**　高文主編　三晋出版社　2011 年 10 月
　　　　西漢～元代までの画像石棺 400 余を紹介する。

② 山西省

0068. **離石漢画像石選集**　王金元・王双斌編著　山西人民出版社　2011 年 3 月
0069. **鉄筆丹青：呂梁漢画像石博物館文物精粋**　呂梁漢画像石博物館編　山西人民出版社 2011 年 11 月

③ 江蘇省・浙江省

0070. **玉器・画像磚**　（常州博物館 50 周年典蔵叢書）　常州博物館編　文物出版社　2008 年 10 月
0071. **古剡漢六朝画像磚**　張恒・陳錫淋著　浙江人民出版社　2010 年 6 月
　　　　嵊州出土の画像磚 1000 余種から、拓本 500 余枚を精選。

④ 山東省

0072. **鄒城漢画像石**　胡新立編著　文物出版社　2008 年 2 月
0073. **漢代画像石上的人文与体育：漢縁閣蔵漢代画像石拓片賞析**　陳海華著　河北教育出版社　2008 年 4 月
0074. **大漢雄魂：山東漢画像石芸術館蔵漢画像石**　張志民主編　山東美術出版社　2008 年 12 月
0075. **山東漢画像石集**　（孫長林芸術収蔵叢書）　孫長林主編　山東美術出版社　2010 年 4 月
0076. **済寧市博物館館蔵刻石精粋**　全 1 函 2 冊　山東省済寧市文物局編　広陵書社　2010 年 11 月
　　　　漢画像石 21 通を含むという。
0077. **滕州漢画像石精品集**　滕州市漢画像石館編　斉魯書社　2011 年 1 月
0078. **山東漢画像石彙編**　傅惜華・陳志農編輯　陳志農絵図　陳沛箴整理　山東画報出版社　2012 年 12 月
　　　　傅惜華編《漢代画象全集 初編・二編》巴黎大学北京漢学研究所、1950・1951 年を底本に整理・再編集する。
0079. **武氏祠漢画石刻**　全 1 函 4 冊　孫美栄・王松田編著　広陵書社　（近刊予告）

⑤ 河南省

0080. **中原文化大典・文物典・画像石**　呂品主編　中州古籍出版社　2008 年 4 月
0081. **中原文化大典・文物典・画像磚**　周到・王景荃主編　中州古籍出版社　2008 年 4 月

0082. **南陽漢代画像石図像資料集錦** （南陽漢代画像石文献彙編） 凌皆兵・徐穎主編　中州古籍出版社　（近刊予告）

0083. **新野漢画像磚精華**　全1函2冊　高現印主編　河南美術出版社　2012年12月?

⑥　四川省・甘粛省

0084. **甘粛出土魏晋唐墓壁画**　全3冊　俄軍・鄭炳林・高国祥主編　甘粛省古籍文献整理編訳中心[等]編　蘭州大学出版社　2009年5月

0085. **合江漢代画像石棺**　《合江漢代画像石棺》編委会編　中国戯劇出版社　2010年12月

附録3　岩画関係図書

0086. **紅山岩画**　呉甲才編著　内蒙古文化出版社　2008年6月

0087. **蘇尼特岩画**（蒙・漢・英文）（蒙古芸術大系）　達.査干著　内蒙古人民出版社　2009年1月

0088. **具茨天書**：一部写在岩石上的伝奇　高林華総編　河南新鄭黄帝故里文化研究会編　荊勇傑・劉如江著?　国際炎黄文化出版社　2009年3月

0089. **岩画回音** = Reverberations from rock art　巴亜合買提=朱馬拝編著　伊犁人民出版社　2009年

0090. **岩画中的牛**　中国寧夏銀川世界岩画館編・印　2009年

0091. **世界岩画Ⅰ**：亜非巻　陳兆復・邢璉著　文物出版社　2010年1月

0092. **久遠的記憶**：中国少数民族地区岩画精選　寧夏岩画研究中心編著　寧夏人民出版社　2010年1月

0093. **内蒙古包頭博物館**：岩画：芸苑春秋　江涛[等]編　遠方出版社　2010年2月

0094. **具茨山岩画** = Rock art of Juci mountain　劉五一編著　中州古籍出版社　2010年3月

0095. ***abay-a qadan jiruy*** = **阿巴嘎岩画**（蒙文）saransüke 薩仁蘇和・serengnadmid 斯仁那徳米徳編　内蒙古人民出版社　2010年6月

0096. **巴丹吉林岩画**　色=哈斯巴根摂影　環球旅游出版社　2010年9月

0097. **岩画中的虎**　銀川市賀蘭山岩画管理処編・印　2010年

0098. **文明的印痕**：賀蘭口岩画　李成栄・王玉国主編　銀川市賀蘭山岩画管理処編纂　上海古籍出版社　2011年6月

0099. **陰山岩画**　全4冊　北方民族大学・内蒙古河套人文学院編纂　王建平・張春雨主編　上海古籍出版社　2011年10月

0100. **新疆岩画**　全2冊（新疆維吾爾自治区第三次全国文物普査成果集成）　新疆維吾爾自治区文物局編　科学出版社　2011年10月

0101. **麗江金沙江岩画図集**（世界文化遺産麗江古城文庫）　和仕勇主編　世界文化遺産麗江古城保護管理局・玉龍県世界文化遺産保護管理所編　雲南人民出版社　2011年

0102. **中原岩画**　劉五一編著　中州古籍出版社　2012年3月

0103. **鄂托克岩画**：祖先的印記（鄂托克文化系列叢書）　納=達楞古日布・巴特爾編著　内蒙古人民出版社　2012年5月

0104. **方城岩書岩画** （方城歴史文化叢書）　白振国主編　海燕出版社　2012年6月
0105. **寧夏賀蘭山岩画拓片精粋**　《寧夏賀蘭山岩画拓片精粋》編委会編　寧夏人民出版社　2012年7月
0106. **新疆美術大系：新疆岩画巻**　《新疆美術大系》編委会編　新疆美術撮影出版社　2012年7月

附録4　高句麗広開土王（好太王）碑
0107. **広開土境平安好太王碑**　全1函2冊　張福有[等]編　吉林文史出版社　2008年1月
0108. **好太王碑**　（中国碑帖精華）　上海書画出版社編　上海書画出版社　2008年7月
0109. **好大王碑**　（中国書法典庫））　陳連琦編　中国書店　2010年11月

附録5　王羲之・王献之全集
0110. **王羲之書法全集**　全10冊（新編三希堂法帖）　江吟・宋行標主編　西泠印社出版社　2008年6月。同　全2冊　同　2009年4月
0111. **王羲之書法全集**　（中国古代書法名家集）　王林主編　人民美術出版社　2008年7月
0112. **王献之書法全集**　（中国古代書法名家集）　王林主編　人民美術出版社　2008年12月
0113. **王羲之書法全集**　全7冊?　李広利編著　北京燕山出版社　2010年3月
0114. **王羲之**　（中国書法大師経典系列叢書）　中国書店　2012年6月

C　隋唐五代を主とする図書
0115. **洛陽新獲墓誌続編**　洛陽市第二文物工作隊　喬棟・李献奇・史家珍編著　科学出版社　2008年3月

　　　洛陽地区で新出の墓誌、合計304件〔後漢1、西晋1、北魏8、隋9、鄭1、唐258、五代後梁1、宋16、元1、明8〕の拓本写真と釈文、1点ごとに詳細な解説文を収録する。

0116. **新獲吐魯番出土文献**　（吐魯番学研究叢書甲種2）　全2冊　栄新江・李肖・孟憲實編　中華書局　2008年4月

　　　新出土の墓表墓誌15点(麹氏高昌11、唐4)の写真・釈文を含む。
　　《新獲吐魯番出土文献》評介　孟彦弘　中国史研究動態 2008-10
　　《新獲吐魯番出土文献》読后　郝春文　敦煌研究 2009-1
　　字斟句酌、精益求精：《新獲吐魯番出土文献》評介　王啓濤　吐魯番学研究 2009-2
　　吐魯番出土文献整理的典範之作：評《新獲吐魯番出土文献》　張涌泉・陸娟娟　敦煌研究 2009-3
　　栄新江・李肖・孟憲實《新獲吐魯番出土文献》　王素　敦煌吐魯番研究第11巻　上海古籍出版社　2009年9月
　　《新獲吐魯番出土文献》簡評　王丁著　欒樹・李剛訳　吐魯番学研究 2010-1
　　細節的力量：《新獲吐魯番出土文献》読后　趙紅　西域研究 2010-1

0117. 隋唐墓誌精粋　上海書画出版社編　上海書画出版社　2008年7月
0118. トゥルファン出土漢文墓誌集成(稿)　関尾史郎・清水はるか編　(日本)新潟大学超域研究機構　2009年月
0119. 洛陽民間収蔵精品集　王繡主編　解放軍外語音像出版社　2009年4月
　　　　隋安備墓誌と彩絵浮雕石棺床を収録するという。
0120. 四川安岳臥仏院唐代刻経窟　(四川石窟寺大系叢書)　四川省文物考古研究院編　曹丹・于春撰文　天地出版社　2009年6月
　　　　唐代刻経の拓本の局部写真201幅を掲載する。
0121. 法門寺文物図飾　(法門寺系列叢書)　韓生編著　文物出版社　2009年6月
　　　　静観千年法門遺珍：《法門寺文物図飾》評論　葛承雍　中国文物報2009年7月15日
0122. 張祖翼経典蔵拓系列：唐碑　第1輯　全16種?　熊少華・卞兆明・蒙中主編　重慶出版社　2009年7月
0123. 彭州博物館蔵李宗昉集北朝隋唐碑拓　成都文物考古研究所・彭州博物館・劉雨茂・栄遠大・丁武明編　四川美術出版社　2010年1月
　　　　日中戦争時の四川地方軍の将軍李宗昉により蒐集された300余種の北朝隋唐の墓誌拓本と釈文を収録するという。
0124. 石刻拓片掠影　(走進河南档案叢書)　王国振主編　人民出版社　2010年1月
　　　　河南省档案局に収蔵されている数多くの石刻拓本から精選された墓誌など100点の逸品を収録するという。
0125. 明大寄託新収の中国北朝・唐代の墓誌石刻資料集：その紹介と解説　(明治大学東洋史資料叢刊6)　氣賀澤保規編　(日本)明治大学東アジア石刻文物研究所　2010年3月
　　　　唐10、不明1、北魏(模刻)5、合計16点の墓誌(含唐鎮墓石4、誌蓋1)の拓本写真、釈文、解説を収める。
0126. 西安碑林博物館　曹剛編?　陝西人民出版社　2010年5月
0127. 故宮博物院蔵歴代墓誌彙編　全3冊　郭玉海・方斌主編　故宮博物院編　紫禁城出版社　2010年7月
　　　　[1]三国～唐(建中)、[2]唐(貞元)～清、[3]高昌からなり、三国～清代の墓234方と高昌磚誌122方を1件ごとに解説、釈文、拓本写真を収録する。
　　　　故宮博物院編『故宮博物院蔵歴代墓誌彙編』―あわせて「所載資料目録」の紹介―　氣賀澤保規　東アジア石刻研究4　(日本)明治大学東アジア石刻文物研究所　2012年3月
0128. 汾陽市博物館蔵墓誌選編　王仲璋主編　三晋出版社　2010年8月
　　　　ほとんどが汾陽市出土の唐代墓誌50点の拓本写真・釈文を収録する。
　　　　王仲璋主編『汾陽市博物館蔵墓誌選編』　小島浩之　東アジア石刻研究4　(日本)明治大学東アジア石刻文物研究所　2012年3月
0129. 新出唐墓誌百種　趙文成・趙君平編選　西泠印社出版社　2010年11月
　　　　唐145、五代2、合計147点の墓誌拓本写真に録文を附して収録する。前目録0451.邙洛碑誌三百種、同0464.河洛墓刻拾零の続編。
0130. 昭陵墓誌通釈　胡元超著　三秦出版社　2010年12月
　　　　唐太宗の昭陵の陪葬墓から出土した墓誌46点中の42点に、拓本写真・説明・注釈

・録文・現代語訳文を附す。
　　　胡元超著『昭陵墓誌通釈』　松浦典弘　東アジア石刻研究 4　（日本)明治大学東アジア石刻文物研究所　2012 年 3 月

0131. **唐代姚崇家族碑誌疏證**　柳金福著　国際炎黄文化出版社　2011 年 4 月
　　　唐の武則天・睿宗・玄宗三朝の宰相姚崇の一族に関する碑誌刻28点の録文と疏証を収める。

0132. **洛陽石刻擷英**　洛陽市文物局・洛陽師範学院河洛文化国際研究中心・洛陽周王城天子駕六博物館編　高永坤・呂勁松・余扶危主編　国家図書館出版社　2011 年 5 月
　　　後漢～明清の洛陽の地上石刻及び発掘出土石刻 276 点の図版を収録。石刻の性質に応じて、宗教石刻 103 点、陵墓石刻 125 点、建築石刻 25 点、民俗石刻 23 点に分類し、説明を附すという。

0133. **長安新出墓誌**　西安市長安博物館編　文物出版社　2011 年 5 月
　　　北魏 1、北周 2、隋 9、唐 148、北宋 4、金 1、元 2、明 14、清 3、合計 184 点の墓誌拓本写真と録文を収録する。
　　　西安市長安博物館編『長安新出墓誌』　江川式部　東アジア石刻研究 4　（日本)明治大学東アジア石刻文物研究所　2012 年 3 月

0134. **洛陽出土少数民族墓誌彙編**　（洛陽市文物考古叢書）　李永強・余扶危主編　洛陽市文物管理局編著　河南美術出版社　2011 年 7 月
　　　近年刊行におよぶ 24 種の墓誌関係資料集から収集した洛陽出土の少数民族墓誌、西晋 1、北魏 212、東魏 2、隋 27、唐 298（含神道碑 1)、後唐 1、後晋 1、後周 2、北宋 9、元 1、合計 554 点の録文を 93 姓氏に分けて収録する。

0135. **洛陽出土絲綢之路文物**　（洛陽市文物考古叢書）　李永強主編　洛陽市文物管理局編著　河南美術出版社　2011 年 7 月
　　　洛陽出土の漢唐時期のシルクロードと関係する歴史文物を紹介。陶俑（人物俑・動物用)、墓誌（康国人・史国人・波斯国人・突厥人・大夏国人・西戎人など)、碑刻（辟雍碑・景教経幢)、貨幣（金貨・銀貨・銅銭)、生活器物、その他（壁画・駱駝蹄印）の 6 部構成。

0136. **洛陽新見墓誌**　全 1 函　斉淵編　上海古籍出版社　2011 年 8 月
　　　近年洛陽地区で新発見の墓誌、北魏 12 種・隋 11 種・唐 17(燕 1)種、合計 40 種を原寸影印する。所収墓誌を縮小影印した図冊を附す。

0137. **龍門区系石刻文萃**　張乃翥輯　国家図書館出版社　2011 年 10 月
　　　2006 年 12 月までに収集した龍門石窟及び龍門地区の中古典故に関わる石刻資料、北朝 37、隋 2、唐 346、五代 7、北宋 14、合計 406 点の拓本写真を収録。近年洛陽などで新しく出土した石刻の拓本写真 113 点、龍門に関する歴史文献記事 110 点を附録。冒頭に論稿《中古時期龍門地区区系文化群落探驪》を収める。

0138. **秦晋豫新出墓誌蒐佚**　全4冊　趙君平・趙文成編　国家図書館出版社　2012 年 1 月
　　　陝西、山西、河南から出土した墓誌、後漢 2、晋 8、劉宋 1、北魏 22、東魏 9、西魏 1、北斉 15、北周 7、隋 31、唐 753、後唐 4、後晋 5、後周 3、宋 20、金 2、明 8、清 15、合計 906 点の拓本を収録する。巻末に唐鎮墓文 2、、突厥文 1、契丹文 1 を附録するほか「人名索引」を附す。
　　　書評:《秦晋豫新出墓誌蒐佚》《洛陽新獲七朝墓誌》　郭桂坤　唐研究18　北京大学出版社　2012年12月

0139. **洛陽新獲七朝墓誌**　斉運通(斉淵)編　全2冊　中華書局　2012年3月
　　　　近年来洛陽地区で出土した墓誌、後漢7、西晋1、北魏27、東魏3、北斉3、隋23、唐(周、燕を含む)314、五代後梁1、後唐2、北宋7、合計388点の拓本写真を収録する。
　　　　書評:《秦晋豫新出墓誌蒐佚》《洛陽新獲七朝墓誌》　郭桂坤　唐研究18　北京大学出版社　2012年12月

0140. **洛陽碑誌拓片博物館[碑誌書法拓本]珍蔵版**　洛陽碑誌拓片博物館編　中国文聯出版社　2012年3月

0141. **洛陽碑誌拓片博物館[名人書法拓本]收蔵版**　洛陽碑誌拓片博物館編　中国文聯出版社　2012年3月

0142. **五代墓誌彙考**　周阿根著　黄山書社　2012年4月
　　　　五代十国時期の墓誌242点の釈文を収め、1点ごとに「簡跋」「簡注」を附す。

0143. **大同新出唐遼金元誌石新解**　殷憲著　三晋出版社　2012年6月
　　　　近年大同地区で出土および山西省東南部で収集した唐墓誌41点、遼金元誌18点を収録し、1点ごとに図版、録文、解読及び書跡の4項目により解説。

0144. **西安碑林名碑精粋**　全35冊　趙力光編　上海古籍出版社　2012年8月

0145. **唐明州象山県蓬萊観碑文考釈**　王慶祥著　寧波出版社　2012年9月

0146. **大唐西市博物館蔵墓誌**　全3冊　胡戟・栄新江主編　北京大学出版社　2012年9月
　　　　西安の大唐西市博物所蔵の墓誌500点(主として陝西・河南・山西出土の北朝9、隋18、唐457、五代5、宋5、元1、明3、清1、不詳1)の拓本写真と釈文、解説を収録する。

0147. **洛陽出土鴛鴦誌輯録**　郭茂育・趙水森[等]編著　国家図書館出版社　2012年10月
　　　　[1]輯録篇:近年来洛陽地区で出土した鴛鴦誌80組(北魏2、隋1、唐69、五代1、宋4、明3)の拓本写真と釈文を収録、[2]備要篇:これらの墓誌に関連する歴史文献情報を記録、[3]附録篇:[1]に収めなかった鴛鴦誌170組を題録。

附録　唐代書法名家個人全集

0148. **褚遂良書法全集**　(中国古代書法名家集)　王林編著　人民美術出版社　2008年7月

0149. **懐素書法全集**　劉高志主編　西泠印社出版社　2009年1月

0150. **顔真卿書法全集**　全8冊　劉子瑞主編　朱関田[等]編著　天津人民美術出版社　2009年8月
　　　　国内外に収蔵されている顔真卿の書道作品の拓本・刻本・墨跡を収録し、関係する釈文・年譜・碑帖考・交游考・著述考などの文献を付す。

0151. **顔真卿書法全集**　(中国古代書法名家集)　全2冊　王林編著　人民美術出版社　2009年10月

D　宋以後を主とする図書
① 広域

0152. **長寿養生金石録**　林乾良[等]編　中国農業出版社　2008年5月
　　　　長寿延年、不老康寧、衣服養生、飲食養生、居住養生、行走養生、運動養生等11方面23類に分け,甲骨文、印(含古璽)、瓦当、碑刻、雑項(含薫炉・玉器飾品)等138

件の文物から，養生及び文物鑑賞等方面の通俗知識を紹介する。

0153. **中国回族文物**　陳育寧・湯暁芳編著　寧夏人民出版社　2008年7月
　　　雕刻（磚雕、石雕、木雕）、碑刻（聖諭碑、教義教理碑、建寺碑、記事碑、功徳碑、墓碑）などを含む。

0154. **中華楊氏碑刻考録**　（満族文化研究叢書）　楊永玖・馬万学・薛洪波・劉永興編　于鵬翔主編　吉林文史出版社　2008年10月
　　　全国各地の楊氏に関わる歴代の碑刻を集めたもの。第1章「墓碑（墓誌銘）」に236点、第2章「功徳碑」に6点、第3章「祠堂碑」に13点、第4章「題詞碑」に3点、附録一「遺址碑」に30点、附録二「誥封誥（命）碑」に51点、以上合計339点の碑刻史料の録文を収録する。

0155. **中国歴代名医碑伝集**　方春陽編著　人民衛生出版社　2009年7月
　　　歴代の名医452家の伝記資料を収録。

0156. **金代石刻輯校**　王新英編　吉林人民出版社　2009年11月
　　　本文と附録に分けて碑・幢（塔銘）・墓誌・売地券・其他の合計198種の金代石刻の録文・概況を年代順に収録。

0157. **遼代石刻文続編**　向南(楊森)・張国慶・李宇峰輯注　遼寧人民出版社　2010年1月
　　　主に1990年代以降に新出土・発見の漢文碑刻191篇の釈文を収録し、近年出土の金代石刻で遼史に関係する5篇の釈文を「外編」に収録する。
　　　《遼代石刻文続編》読后　烏拉熙春　中国文物報2010年10月24日

0158. **国家図書館蔵満文文献図録**　黄潤華主編　国家図書館出版社　2010年1月
　　　国家図書館所蔵の満文文献を、刻本、抄本、档案、拓片、輿図の五種類に分類・整理して収録。

0159. **見証生命：墓誌銘**　（芸文類聚）　呂明涛編著　中華書局　2010年2月
　　　南朝～清の名家撰文の墓誌22種を、題解・原文・注釈・訳文をつけて収める。

0160. **中国青花瓷紋飾図典：銘文款識巻**　江蘇省古陶瓷研究会編　東南大学出版社　2010年2月
　　　元～清時期の銘文款識資料を掲載。

0161. **中国煤炭碑刻**　（中国煤炭史志文庫）　呉暁煜編著　煤炭工業出版社　2010年6月

0162. **碑刻匾額楹聯集粹**　（王羲之故居文化芸術叢書）　卞文東編?　中国芸術出版社　2010年6月

0163. **遼代墓誌疏証**　斉作聲編著　瀋陽出版社　2010年7月
　　　遼寧、内蒙古、北京、河北等から出土した遼代墓誌52点の釈文・疏証を収録し、官制補佚を附す。

0164. **中国地方志基督教史料輯要**　張先清・趙蕊娟編　東方出版中心　2010年8月
　　　清～民国年間に編纂された各級地方志579種からキリスト教に関する資料を収録する。

0165. **八思巴字碑刻文物集釈**　蔡美彪著　中国社会科学出版社　2011年2月
　　　上編はパスパ文字による蒙古語音写の碑文を考釈、下編はパスパ文字の蒙古語とその他の言語の文物を考釈。

0166. **金元代石刻史料集：華北地域仏教関係碑刻(1)**　桂華淳祥編　真宗総合研究所研究紀要28号　（日本）大谷大学真宗総合研究所　2011年3月

0167. **新編続補歴代高僧伝** （中国社会科学院老年学者文庫） 趙超主編　社会科学文献出版社　2011年5月

  近年、少林寺石刻や考古調査で新発見の寺院碑刻・舎利塔銘・僧侶塔誌などから収集された歴代の高僧、晋・北魏・北斉各1人、唐157人、五代20人、宋71人、遼30人、金24人、元55人、明44人、清8人、合計412人の伝記を収録する。

0168. **長江中游道教造像記**　胡彬彬・朱和平著　湖南大学出版社　2011年8月

  湖南・湖北・江西を主とする長江中流地区の道教造像記80点の図版・録文を収録する。

0169. **宋代伝状碑誌集成**　全14冊　曽棗荘主編　四川大学出版社　2012年7月？

  宋代の総集、別集や新出土資料から収集して、伝記、行状、碑銘、墓誌銘に分類し、釈文を収録するという。

② 　北京市・天津市

0170. **北京清真寺碑文輯録述要**　（回族文化歴史資料叢書）　回宗正編著　自印　2008年1月

0171. **豊台区石刻文物図録**　王艶秋主編　豊台区文化委員会編纂　北京燕山出版社　2008年9月

0172. **雲居寺貞石録**　雲居寺文物管理処編　北京燕山出版社　2008年11月

  石経山貞石(隋1、唐19、遼5、金1、元1、明9、清1、民国2)、雲居寺貞石(唐5、遼5、金4、元1、明2、清42、民国6)、房山区貞石(唐2、遼1、元2、明2、清3)からなり、合計115点の碑刻・題記などの提要、録文、図影を収める。

0173. **北京元代史蹟図志**　北京遼金城垣博物館編　斉心主編　北京燕山出版社　2009年6月

  北京市内に点在する元代の石刻92件の拓本・釈文・写真を収録し、さらに塔13、遺址遺跡13、橋・閘4、その他建造物10、計40件の写真を掲載する。

  『北京元代史蹟図志』所収の新資料について　森田憲司　（日本)13・14世紀東アジア史料通信第14号　2010年12月

0174. **延慶歴代碑刻書法選**　第1・2集　北京市延慶県文聯・延慶県書法協会編、印　2009年7月～2011年5月

0175. **香山石刻石雕**　張渝麗主編　香山公園管理処編　新華出版社　2009年9月

0176. **丹稜襭貝：京西出土文物品鑑**　焦晋林著　学苑出版社　2010年1月

0177. **平谷石刻**　（平谷文化叢書）　張興主編　北京市平谷区文化委員会編　北京燕山出版社　2010年6月

0178. **記憶：石刻篇之一**　（通州歴史文化叢書）　杜徳久主編　北京市通州区博物館・北京市通州区文物管理所編　北京出版社　2010年9月

0179. **北京地区摩崖石刻**　王曉静主編　北京石刻芸術博物館編著　学苑出版社　2010年10月

  房山区の孔水洞摩崖石刻、門頭溝区の武定摩崖石刻、豊台区の千霊山摩崖石刻、海淀区の鳳凰嶺摩崖石刻、昌平区の仏岩寺遺址摩崖石刻、延慶県の弾琴峡五桂頭摩崖石刻、懐柔区の洞廟溝摩崖石刻、順義区の椒園山連山碑、平谷区の興善寺摩崖石刻など、北京の75箇所の摩崖石刻を紹介する。

0180. **大明長陵神功聖徳碑**　（明文化叢書）　十三陵特区明代帝陵研究会編　北京燕山出版社　2010年10月

0181. **清宮金磚檔案**　故宮博物院編　紫禁城出版社　2010 年 10 月
　　　　金磚(金の煉瓦)648 幅のカラー写真を配し、雍正 6 年から宣統 3 年までの金磚関係の宮中起居注・朱批奏折・軍機処録副奏折・上諭檔・内務府檔案など資料 125 点を年代順に収録。
0182. **明長陵神功聖徳碑清代刻文**　(明文化叢書)　十三陵特区明代帝陵研究会編　北京燕山出版社　2011 年 1 月
0183. **北京道教石刻**　(北京宗教史系列叢書)　佟洵主編　孫勐・羅飛編著　宗教文化出版社　2011 年 3 月
　　　　北京地区に現存する道教関係の石刻資料 278 種を収録。御制碑、敕建碑、興建碑、重修碑などを含む。
0184. **天津市紅橋区碑石銘刻輯録及釈文**　天津市紅橋区文化和旅游局編　天津社会科学院出版社　2011 年 4 月
　　　　当地区の碑石銘刻 70 通の拓本写真・釈文を収める。
0185. **清華大学碑碣匾額拓片集**(清華大学百年校慶)　(清華大学檔案館叢書)　顧良飛・孫宇華主編　清華大学出版社　2011 年 9 月
0186. **北京内城寺廟碑刻志**= Temples et stèles de Pékin　全 2 冊　董曉萍・(仏)呂敏(Bujard, Marianne)主編　国家図書館出版社　2011 年 10 月
　　　　フランス極東学院と北京師範大学の共同研究「北京寺廟碑刻与社会史」の調査報告書。193 の寺廟を調査し 100 余の碑刻の拓本写真・釈文を収録する。
0187. **北京仏教石刻**　(北京宗教史系列叢書)　佟洵主編　孫勐編著　宗教文化出版社　2012 年 6 月
　　　　隋唐～明清時期の北京地区の仏教石刻文字 433 篇(隋唐五代 25、遼 96、金 37、元 56、明 79、清 140)を収録。
0188. **北京石刻芸術博物館館蔵墓誌拓片精選**　北京石刻芸術博物館編　王丹主編　北京燕山出版社　2012 年 12 月
　　　　唐代 8、遼金時期 4、明清及び民国 17、合計 29 点の拓本写真を収録するという。
0189. **北京遼金元拓片集**　北京遼金城垣博物館編　北京燕山出版社　2012 年 12 月

③　河北省

0190. **河間金石遺録**　田国福主編　河北教育出版社　2008 年 1 月
　　　　[1]璽印 89 点、[2]漢～清の磚瓦文 18 点、[3]東魏～民国の碑刻 53 点、[4]北魏～民国の墓誌 75 点(隋 6、唐 35)の拓本写真・釈文を収録する。
0191. **愛華翰苑金石録**　左宝珍編　愛華翰苑碑林　2008 年 6 月
0192. **河北省明代長城碑刻輯録**　全 2 冊　郭瑞海主編　河北省文物局長城資源調査隊編　科学出版社　2009 年 1 月
　　　　数年来の調査で獲得した雕刻やその他の金石文資料 460 点を収録するという。
0193. **蔚県碑銘輯録**　鄧慶平編録　趙世瑜審訂　李新威主持訪拓　広西師範大学出版社　2009 年 6 月
　　　　現河北省張家口地区に位置する蔚県の唐代墓誌、遼金経幢及び明清から民国時期にかけての各種石刻などの拓本 202 点と釈文を収録し、北京師範大学図書館善本部所蔵《察哈爾省教育庁訪拓蔚県石刻》第 1 輯収録の拓本 16 点(遼金時期の経幢)、蔚県博物館所蔵明代郝傑諭旨・諭察碑拓本 10 点を附録する。

0194. **魏徴公園碑刻萃集** （梨郷情韻叢書）　孟慧賢主編　張喜聚訳注　河北美術出版社　2009年10月

0195. **太極拳文化碑拓作品集**　河北省永年広府生態文化園区管理委員会編　大衆文芸出版社　2010年1月

0196. **衡水出土墓誌**　（衡水歴史文化叢書）　王耀宗・路軍秋主編　衡水市文物局編　河北美術出版社　2010年2月
　　　新中国成立以来衡水市境内で出土した各時期の墓誌100点を収録する。

0197. **曲陽北嶽廟名碑典蔵**　全10冊　王麗敏主編　保定曲陽県文物保管所編　河北美術出版社　2010年10月
　　　碑誌刻拓本14件(北魏2、北斉1、唐4、宋2、明、清)を収録し、各巻末に釈文を付す。

0198. **中国赤城歴代碑區刻輯録**（赤城文化録）趙占華主編　化学工業出版社　2011年2月
　　　赤城的記憶 歴史的結晶：《中国赤城歴代碑區刻輯録》出版発行　李沐心　中国文物報　2011年8月19日

0199. **叢台碑誌文存**　任乃宏編著　内蒙古文化出版社　2011年4月

0200. **大名石刻選**　全1函6冊　朱献東[等]編　線装書局　2011年6月?
　　　大名境内に現存する200余件の石刻から、《何弘敬墓志銘》《五礼記碑》《朱熹写経碑》《馬文操神道碑》趙孟頫書《金剛経》など29件の拓影を精選収録する。

0201. **清河碑刻**　王広芸・戴恩辰主編　河北省清河県文広新体局・河北省清河県武松文化工作室　2011年
　　　墓誌19点(唐11を含む)、碑刻58点を収める。

0202. **満城歴代碑石刻輯録**　范福生主編　河北教育出版社　2011年12月

0203. **古蓮花池碑文精選**　柴汝新・蘇禄煊主編　河北大学出版社　2012年10月

0204. **邯鄲運河碑刻**　王興・李亜主編　河北美術出版社　（近刊予告）
　　　大名、館陶、魏県、邱県内の運河に関係する碑誌刻46通(唐14、五代1、明14、清13、民国4)を」収録するという。

④　山西省

0205. **洪洞金石録**　李国富・王汝雕・張宝年主編　洪洞県老年書画研究会編　山西古籍出版社　2008年1月
　　　現存金石銘刻535篇の拓影と釈文，唐代以後の佚碑碑文303篇の釈文、佚碑存目292点を収めるという。

0206. **沁水碑刻蒐編**（沁水文史資料）賈志軍主編　山西人民出版社　2008年3月?

0207. **中国・古県牡丹碑林作品集**　張成梁主編　山西人民出版社　2008年

0208. **古碑文録之一～五**　全5冊（忻州文史第12～16輯）楊宇寧総編　中国人民政治協商会議山西省忻州市委員会文史資料委員会編・印　2009年

0209. **明清山西碑刻資料選：続二**　張正明・(英)科大衛・王勇紅主編　山西経済出版社　2009年5月
　　　碑刻329点の釈文を収録する。

0210. **太原碑林精選楹聯**　太原市碑林公園編　王忠主編　山西人民出版社　2009年6月

0211. **平魯石刻図志**　范和平主編　《平魯石刻図志》編輯委員会編　三晋出版社　2009

年6月

0212. **三晋石刻大全** 全125巻(予定) 劉澤民總主編 李玉明執行總主編 三晋出版社 2009年8月～刊行中

原則として山西省内の県(市・区)ごとに分けて1巻とし、山西省博物院巻、五台山巻、晋商会館巻、總目録を各1巻として附す。各巻は上編"現存石刻"、下編"佚失石刻"に分け、各石刻は名称、簡介(人物生卒年・本籍・主要官職・生涯事跡・著述など)、録文を記載し、写真や拓本を掲載する。未録存碑目録、佚失石刻碑目、分時代統計表、分類統計表、索引(種類別)を附録する。

0212-1. **三晋石刻大全：臨汾市洪洞県巻** 全2冊 汪学文主編 三晋出版 2009年8月

上編"現存石刻"は793篇(唐6・五代1・宋14・金9・元28・明108・清336・民国41・年代不詳17・中華人民共和国建国後233)、下編"佚失石刻"は305篇(唐4・宋7・金7・元40・明74・清160・民国13)を収録。

0212-2. **三晋石刻大全・臨汾市侯馬市巻** 高青山主編 三晋出版社 2011年2月

上編"現存石刻"は165篇(北魏2・唐2・宋1・金4・元3・明5・清80・中華民国5・中華人民共和国55・紀年不詳8)を収録。下編"佚失石刻"は碑文22篇(唐2・明1・清16・中華民国1・中華人民共和国2)を収録。"通済橋現状及其保存的碑刻"を附録。

0212-3. **三晋石刻大全：臨汾市曲沃県巻** 雷涛・孫永和主編 三晋出版社 2011年10月

各種碑刻271篇を収録。上編"現存石刻"は188篇(唐3・宋3・金2・元7・明35・清155・中華民国16・中華人民共和国41・紀年不詳9)、下編"佚失石刻"は83篇(南北朝1・宋5・金2・元5・明19・清48・民国2・紀年不詳1)を収録。

0212-4. **三晋石刻大全：臨汾市堯都区巻** 王天然主編 三晋出版社 2011年11月

上編"現存石刻"は281篇(北朝唐五代11・宋金元19・明48・清96・中華民国29・中華人民共和国76・不明2)を収録。下編"佚失石刻"は115篇(隋1・唐1・宋4・金1・元13・明30・清58・中華民国7)を収録。

0212-5. **三晋石刻大全：臨汾市安澤県巻** 高剣峰主編 樊貴明・田奕[等]編著 三晋出版社 2012年1月

各種碑刻211篇を収録。上編"現存石刻"は184篇(北斉・唐・宋・金・蒙古11・明4・清78・中華民国31・中華人民共和国40・紀年不詳20)、下編は"佚失石刻"27篇を収録。

0212-6. **三晋石刻大全：臨汾市浮山県巻** 張金科主編 姚錦玉・邢愛勤編著? 三晋出版社 (近刊予告)

0212-7. **三晋石刻大全：臨汾市古県巻** 曹廷元主編 三晋出版社 (近刊予告)

0212-8. **三晋石刻大全：大同市霊丘県巻** 高鳳山主編 三晋出版社 2010年1月

上編"現存石刻"は140篇(北魏1・唐1・金3・元4・明29・清33・民国13・新中国56・時代不詳1)、下編"佚失石刻"は20篇を収録。

0212-9. **三晋石刻大全：大同市霊丘県巻続編** 高鳳山主編 三晋出版社 2012年9月

上編"現存石刻"に118篇(金1・明20・清85・民国3・新中国9)、下編"佚失石刻"2篇(金1、新中国1)を収録。

0212-10. **三晋石刻大全：大同市左雲県巻** 闫栄主編 三晋出版社 (近刊予告)

0212-11. **三晋石刻大全：忻州市寧武県巻** 任寧虎・郭宝厚主編 三晋出版社 2010年1月

上編"現存石刻"は137篇(宋金2・明13・清100・中華民国9・中華人民共和国

13)、中編"石雕"は60条（東魏1・明7・清16・中華民国3・中華人民共和国2・無文字31）、下編"佚失石刻"は41篇（元1・明19・清21）を収録。

0212-12. **三晋石刻大全：晋中市寿陽県巻**　史景怡主編　三晋出版社　2010年4月
　　石刻600余通（東魏2・北斉2・隋1・唐11・宋18・金7・元9・明77・清387・中華民国37・中華人民共和国56）を収録。

0212-13. **三晋石刻大全：晋中市霊石県巻**　楊洪主編　三晋出版社　2010年7月
　　上編"現存石刻"は620篇（北魏1・宋1・金1・元5・明33・清415・中華民国57・中華人民共和国19・紀年不詳88）、下編は"佚失石刻"を収録。

0212-14. **三晋石刻大全：晋中市左権県巻**　王兵主編　三晋出版社　2010年9月
　　上編は現存石刻350篇（北魏1・唐1・宋3・元3・明64・清155・中華民国61・中華人民共和国62）、下編は"佚失石刻"を収録。

0212-15. **三晋石刻大全：晋中市和順県巻**　常躍生主編　三晋出版社　（近刊予告）

0212-16. **三晋石刻大全：晋中市楡次区巻**　王琳玉主編　三晋出版社　（刊行予告）

0212-17. **三晋石刻大全：陽泉市盂県巻**　李晶明主編　三晋出版社　2010年9月
　　上編"現存石刻"は591篇（南北朝10・唐1・宋9・元16・明77・清285・民国35・中華人民共和国131・紀年不詳27）、下編"佚失石刻"は81篇（南北朝2・宋2・元5・明10・清46・民国2・年代不詳14）を収録

0212-18. **三晋石刻大全：運城市塩湖区巻**　張培蓮主編　三晋出版社　2010年10月
　　上編"現存石刻"は481篇（北朝9・隋2・唐14・宋2・金5・元16・明110・清208・中華民国35・中華人民共和国80）を収録。下編"佚失石刻"は80篇（漢1・唐1・宋6・金1・元4・明34・清25・中華民国7・中華人民共和国1）を収録。

0212-19. **三晋石刻大全：晋城市高平市巻**　全2冊　常書銘主編　三晋出版社　2010年11月
　　上編"現存石刻"は930篇（北魏1・北斉1・唐2・五代3・宋6・金11・蒙古1・元16・明107・清483・民国105・中華人民共和国194）を収録。下編"佚失石刻"は36篇（唐2・金3・蒙古1・元3・明15・清12）を収録。

0212-20. **三晋石刻大全：晋城市陽城県巻**　衛偉林主編　三晋出版社　2012年4月
　　上編"現存石刻"は684篇（南北朝・唐・宋・元8、明62、清335、中華民国55、中華人民共和国147、紀年不詳102）、下編"佚失石刻"は25篇。

0212-21. **三晋石刻大全：晋城市沁水巻**　車国梁主編　三晋出版社　2012年4月
　　古今碑刻600余通?を収録予定。

0212-22. **三晋石刻大全：晋城市陵川巻**　三晋出版社　（近刊予告）
　　古今碑刻520余通を収録予定。

0212-23. **三晋石刻大全：晋城市城区巻**　三晋出版社　（近刊予告）
　　古今碑刻300余通を収録予定。

0212-24. **三晋石刻大全：晋城市沢州巻**　史小軍主編　三晋出版社　（近刊予告）
　　古今碑刻500余通を収録予定。

0212-25. **三晋石刻大全：太原市杏花嶺区巻**　魏民主編　三晋出版社　2011年12月
　　各種碑刻373方（篇）を収録。上編"現存石刻"は278篇（明5・清72・中華民国80・中華人民共和国115・紀年不詳6）、下編"佚失石刻"は95篇。

0212-26. **三晋石刻大全：太原市古交市巻**　李文清主編　三晋出版社　2012年3月
　　各種石刻98通を収録。上編"現存石刻"は95通（宋1・元1・明9・清69・中華

　　　　　民国5・中華人民共和国6・紀年不詳4)、下編"佚失石刻"は3通。
0212-27. 三晋石刻大全：太原市尖草坪区巻　苗雲隆主編　三晋出版社　（近刊予告）
0212-28. 三晋石刻大全：長治市沁源県巻　杜天雲主編　三晋出版社　2011年12月
　　　　　各種碑刻306篇を収録。上編"現存石刻"に241通（南北朝11・北宋1・金1・
　　　　　明16・清92・中華民国28・中華人民共和国81・紀年不詳11)、下編"佚失石刻"
　　　　　に65篇を収録。
0212-29. 三晋石刻大全：長治市黎城県巻　王蘇陵主編　三晋出版社　2013年1月？
　　　　　北魏～現代の石刻437篇を収録。
0212-30. 三晋石刻大全：長治市長治県巻　賈圪堆主編　三晋出版社　（近刊予告）
0212-31. 三晋石刻大全：長治市屯留県巻　馮貴興・徐松林分冊主編　三晋出版社　（近刊
　　　　　予告）
0212-32. 三晋石刻大全：長治市長治県炎帝碑林巻　賈圪堆分冊主編　三晋出版社　（近刊
　　　　　予告）
0212-33. 三晋石刻大全：長治市平順県巻　申樹森主編　三晋出版社　（近刊予告）
0212-34. 三晋石刻大全：朔州市平魯区巻　周亮主編　三晋出版社　2012年3月
　　　　　各種石刻229篇を収録。上編"現存石刻"は206篇（遼1・金1・明49・清121・
　　　　　中華民国9・中華人民共和国11・紀年不詳14)、下編"佚失石刻"23篇。
0212-35. 三晋石刻大全：呂梁市考義市巻　王書平主編　三晋出版社　（近刊予告）
0213.　王家大院・静升文廟・資寿寺碑文彙編：第一巻　（王家大院叢書）　侯廷亮主編　山
　　　　西経済出版社　2009年9月
　　　　　宋咸平2年(999)～2007年の碑文144篇を収録。
0214.　巍巍豊碑　洪洞県巍巍豊碑編委会編　洪洞県民政局？　2009年9月
　　　　　全5篇からなり第1篇に陵園碑志を収める。
0215.　古交石刻　李文徳主編　古交市文物管理所　2009年
0216.　珏山金石文編　（珏山歴史文化系列叢書）　孔慶祥・王小聖編　山西人民出版社
　　　　2010年3月
0217.　碑碣誌文録　（襄汾政協文史資料第17輯）　柴明珠主編　政協襄汾文史資料委員会
　　　　編・印　2010年8月
0218.　太原碑林二十年　《太原碑林二十年》編委会編　王忠主編　山西人民出版社　2010
　　　　年9月
0219.　広勝寺文献碑刻彙編　（平陽歴史文化叢書）　柴瑞祥著　山西新聞出版局　2011年3
　　　　月
0220.　偏関古碑文集　盧銀柱校注　北京燕山出版社　2011年5月
0221.　清徐碑碣選録　（清徐歴史文化叢書3・清徐文史資料第27輯）　清徐県政協文史委
　　　　編　楊拴保主編　北岳文芸出版社　2011年6月
　　　　　五代～2010年の碑文120篇を収録。明清99篇で多数を占める。
0222.　臨汾仏教史料集　政協臨汾市委員会編　王映瑧・張雲崗主編　中国文史出版社
　　　　2011年8月
　　　　　[1]寺院篇、[2]僧尼篇、[3]仏経篇、[4]芸術篇、[5]碑碣篇、[6]文学篇の6篇に分
　　　　　け、関連史料を捜集し収録。
0223.　山西碑碣　続編　山西省考古研究所・馬金花編著　三晋出版社　2011年11月

《山西碑碣》山西人民出版社 1997 年の続編。石刻碑碣 190 通（明 66・清 119・民国 5）を内容に応じ分類して収録。

0224. 山西清代神廟戯碑輯考　曹飛編著　三晋出版社　2012 年 4 月
0225. 山西古代建築楹聯匾額選編　山西省文物局編　科学出版社　2012 年 5 月
0226. 沁源金石志　全 2 冊　《沁源金石志》編纂委員会・沁源政協文史資料委員会編　杜天雲主編　三晋出版社　2012 年 7 月
0227. 陽城湯廟　（析城山文化叢書）　中国先秦史学会・《析城山文化叢書》編委会編　文物出版社　2012 年 8 月
0228. 陽城湯廟碑拓文選　（析城山文化叢書）　中国先秦史学会・《析城山文化叢書》編委会編　文物出版社　2012 年 8 月

⑤　内蒙古自治区

0229. 遼上京地区出土的遼代碑刻彙輯　（中国社会科学院老年学者文庫）　劉鳳翥・唐彩蘭・青格勒編著　社会科学文献出版社　2009 年 8 月
　　　遼代の首都上京の地区であった内蒙古自治区巴林左旗や巴林右旗一帯から近年出土した、契丹大字・契丹小字・漢字の全碑刻を収録。他地域で発見された遼代の皇族・后族及び開国功臣韓知古一族の碑刻を附録。

0230. 内蒙古包頭博物館：古代石刻：芸苑春秋　杜華［等］編　遠方出版社　2010 年 2 月
0231. 契丹遺珍　唐彩蘭主編　線装書局　2011 年 12 月

⑥　遼寧省

0232. 鞍山碑誌　劉耀庭主編　路世輝・富品瑩編著　瀋陽出版社　2008 年 7 月
　　　元代～民国の碑志等 290 通を収めるという
0233. 関東碑林　郝武華編著　遼寧人民出版社　2010 年 6 月
0234. 本渓碑林碑拓選粋　全 3 冊　本渓平頂山環城森林公園管理局編・印　2010 年 12 月
0235. 瀋陽碑誌　瀋陽市文物考古研究所編　遼海出版社　2011 年 8 月
　　　瀋陽市所属区県内の遼代～民国の碑誌 196 点を［1］寺廟碑・宮観碑・祠堂碑 (105 点)、［2］墓誌・墓碑 (40 点)、［3］石幢・石函・塔銘・塔碑 (9 点)、［4］紀念碑・記事碑・功徳碑 (37 点)、［5］其他 (5 点) に分類し録文・拓本を収録。
0236. 千山摩崖石刻　（千山文化叢書）　千山文化研究会編　遼寧人民出版社　2011 年 9 月
0237. 中国遼河碑林　劉暁標主編　文物出版社　2011 年 11 月
0238. 遼陽碑誌選編　（遼陽歴史文化叢書）　鄒宝庫輯録　遼寧民族出版社　2011 年
　　　遼金～民国の各種碑誌 151 通を収める。
0239. 北鎮廟碑文解析　于志剛著　遼寧大学出版社　2012 年 4 月
　　　元代～清代の碑文 51 篇を収録するという。

⑦　上海市・江蘇省

0240. 南京城墻磚文　南京市明城垣史博物館編撰　楊国慶主編　南京師範大学出版社　2008 年 5 月
0241. 南湖攬秀園碑刻　（南湖碑刻叢書）　嘉興南湖革命紀念館編　群言出版社　2008 年 12 月
0242. 明孝陵史料彙編　全 2 冊　明孝陵博物館編　中国文史出版社　2008 年 7 月

0243. 常熟仏教寺院：書画・匾額・柱聯・碑刻選輯　第1冊・第2冊　常熟市仏教協会編・印　2009年6月～2010年6月

0244. 常熟出土歴代廉政墓誌　編者不詳　常熟博物館?　2009年9月

0245. 校園碑文選読　徐思源主編　江蘇教育出版社　2009年

0246. 崇明歴代碑文訳注　崇明県博物館編輯　周恵斌主編　上海文化発展基金会　2009年11月

0247. 南京栖霞山貞石録・南京栖霞古寺摩崖石刻　全2冊　隆相主編　隆相・徐業海編　鳳凰出版社　2009年12月

0248. 徐州状元碑園　田秉鍔編?　徐州?　2010年9月

0249. 南京歴代碑刻集成　南京市文化広電新聞出版局（文物局）編著　上海書画出版社　2011年1月
　　　南京及び周辺地区に現存する歴代碑刻、漢1・晋14・南朝宋3・南朝斉2・南朝梁10・唐3・南唐1・宋7・元5・明84・清93・民国13、合計236点の拓本写真・釈文、各種データを収録。論文「《南京歴代碑刻集成》所録部分古代碑誌考略」（駱鵬・邵磊）を附す。

0250. 常熟市碑刻博物館碑拓精粋　第一輯　全8冊　陳建平主編　常熟市旅游局編　上海辞書出版社　2011年4月
　　　著名な書家、沈坰、張緒、祝允明、文徴明、顧玉柱、厳熊、邵涵初、楊沂孫、8名の筆になる碑拓を影印する。

0251. 浮山摩崖石刻　銭葉全主編　南京大学出版社　2011年4月

0252. 南洋中学名人題詞碑刻集　上海市南洋中学編　上海人民美術出版社　2011年9月

0253. 無錫園林碑刻選：十方翰墨留梁渓　（無錫園林文化第3輯）　朱震峻・沙無垢・趙銘銘編著　古呉軒出版社　2011年

0254. 蘇州碑刻博物館蔵碑系列叢書：現代書法碑刻　陸雪梅主編　古呉軒出版社　2012年5月

0255. 淮陰碑林墨迹：淮安市博物館蔵中国近現代名家書法精品集　淮安市博物館編　孫玉軍主編　文物出版社　2012年6月

0256. 石刻的訴説：十朝都会　金陵第一所公辦中学百年歴程　貢澤培主編　江蘇教育出版社　2012年10月

0257. 澄鑑堂石刻　鎮江焦山碑刻博物館編　文物出版社　2012年11月

0258. 嘉定碑刻集　全3冊　嘉定区地方志辦公室・嘉定博物館編　上海古籍出版社　2012年12月

0259. 蘇州博物館蔵歴代碑誌　蘇州博物館編　張欣主編　文物出版社　（近刊予告）

⑧　浙江省

0260. 天一閣明州碑林集録　章国慶編著　上海古籍出版社　2008年4月
　　　天一閣の明州碑林の碑碣、唐1、宋20、元17、明64、清66、民国5、合計173種の釈文を収録する。

0261. 処州摩崖石刻　（麗水緑谷文化叢書）　徐文平著　浙江古籍出版社　2008年5月

0262. 富春江厳子陵釣台碑園　全2冊　桐廬県風景旅游局・富春江美術館編　西泠印社出版社　2008年

0263. **長興茶文化碑刻集** （湖州文献叢書）　張夢新主編　西泠印社出版社　2008 年
0264. **翰墨清芬** （浙江省博物館典蔵大系）　張毅清［等］編　浙江古籍出版社　2009 年 9 月？
0265. **分水訪碑録**　王順慶著　浙江大学出版社　2009 年 11 月
　　　杭州市桐廬県分水鎮の現存の古碑拓本・石刻図案及び古碑調査の記録などを紹介。
0266. **甬城現存歴代碑碣志**　章国慶・裘燕萍編著　寧波出版社　2009 年 12 月
　　　老市区内(明州碑林と天一閣蔵帖石は除く)の碑帖刻石合計 143 種(唐 5・宋 6・明 8・清 87・民国 25・帖石 10・牌坊 2)の拓本写真と釈文を著録。
0267. **雁蕩山摩崖碑刻** （雁蕩山旅游文化系列叢書）　呉雲峰主編　綫装書局　2010 年 4 月
　　　唐代～現代の雁蕩山の摩崖石刻 300 余方を収録。旅行記が多い。
0268. **海寧図書館蔵金石拓本**　王麗霞・子午源主編　浙江海寧図書館編　西泠印社出版社　2010 年 9 月
　　　西周～民国の金石拓本 46 種(西周 1、東漢 2、東晋 1、北魏 1、東魏 1、北周 2、隋 1、唐 6、北宋 5、南宋 3、明 3、清 18、民国 2)の写真を収録する。
0269. **甌海金石志** （甌海文化叢書第 3 輯）　黄舟松・林偉昭編著　中国戯劇出版社　2011 年 1 月
　　　永嘉場の宋代～民国の碑刻・墓誌 209 篇を収録するという。
0270. **錦石岩山摩崖碑刻集成**　仇江編　西泠印社出版社　2011 年 3 月？
0271. **永嘉場墓誌集録** （温州文献叢刊）　孫建勝編　黄山書社　2011 年 4 月
0272. **栝蒼石語** （麗水市第三次全国文物普査成果専題叢書）　梁曉華主編　麗水市文化広電新聞出版局編　浙江古籍出版社　2011 年 6 月
　　　1949 年以前麗水市行政範囲内の摩崖石刻及び関連碑刻を収録。南明山石刻、三岩寺石刻、大梁山石刻、仙都石刻、南宮山石刻、黄龙山石刻などを含む。
0273. **蒼南金石志**　楊思好主編　浙江古籍出版社　2011 年 7 月
　　　晋代～民国の墓誌 112 方、碑記 199 方、摩崖題刻 18 処、銘文 211 則を収録。
0274. **南宋太学石経**　全 3 冊　杭州孔廟編　西泠印社出版社　2011 年 7 月
0275. **姚江碑碣** （姚江文化叢書 21）　葉樹望編著　浙江古籍出版社　2011 年 9 月
0276. **永嘉金石志**　鄭小小主編　永嘉県地方志編纂委員会辦公室編纂　中華書局　2011 年 11 月
0277. **龍泉古匾聯碑刻集錦**　《龍泉古匾聯碑刻集錦》編委会編　中国対外翻訳出版社　2011 年 11 月
0278. **台州府城墻**　徐三見主編　文物出版社　2011 年 12 月
0279. **厳州金石** （厳州文化叢書第 4 輯）　政協建徳市委編　葉欣編著　天津古籍出版　2012 年 1 月
0280. **蓮都歴代金石**　韓怡寧主編　中共蓮都区委宣伝部・蓮都区文聯編　文史出版社　2012 年 2 月？
　　　晋～民国の摩崖石刻・碑刻 280 余通(処)の写真・拓影を収録。
0281. **寧波歴代碑碣墓誌彙編：唐・五代・宋・元巻**　章国慶編著　上海古籍出版社　2012 年 3 月
　　　寧波地区の碑碣・墓誌、唐 41、五代 7、北宋 56、南宋 139、元 29、合計 272 点の拓本または原石の写真と釈文を収録し、1 点ごとに解説を附記する。

　　　　　参考：龔烈沸編著《寧波現存碑刻碑文所見録》寧波出版社、2006年3月
0282. **摩崖石刻**（浙江省第三次全国文物普査新発現叢書）　鄭嘉励・浙江省文物局主編　浙江古籍出版社　2012年5月？
　　　　　浙江省内の摩崖造像題記、碑刻、石雕、岩画など200余処の文物を紹介。
0283. **中国竹書画碑林碑刻集**　（竹文化系列叢書）　楊茂坤主編　西泠印社出版社　2012年10月
0284. **麗水宋元墓誌集録**　浙江古籍出版社　2012年12月
　　　　　墓誌60余件の拓片と釈文を収録する。
0285. **杭州摩崖石刻**　杭州市第三次全国文物普査領導小組辧公室［等］編　浙江古籍出版社　2012年12月
0286. **西湖名碑**　胡建良編著　杭州出版社　2012年12月
⑨　安徽省
0287. **宝勝禅寺大観塔碑拓輯**　宗行主編　中国文聯出版社　2008年11月
0288. **斉雲探絶：斉雲山石刻解読**　鄭建新主編　浙江摂影出版社　2010年1月
0289. **安徽摩崖石刻精粋**　李修松・羅建国主編　安徽省文物局編　安徽美術出版社　2011年2月
　　　　　浮山・斉山・琅琊山・天柱山・斉雪山・黄山・九華山・万羅山の摩崖石刻148幅の拓本や写真を収録。
0290. **池州摩崖石刻**　劉国慶主編　池州市文広新局組織編写　上海人民美術出版社　2011年3月
　　　　　貴池・東至・石台・青陽・九華山の5篇に分け、唐代～民国時期の摩崖石刻156幅を収録。
0291. **天柱山山谷流泉石刻**　潜山県博物館編　安徽美術出版社　2011年6月
　　　　　摩崖石刻103方(唐3・宋71・元2・明清19・民国4・無紀年無題名4)を収録。
0292. **樹木・樹人：新四軍紀念林学子林碑文釈読**　徐宏傑・張鳴・彭光品編撰　常紹傑摂影　安徽教育出版社　2011年
0293. **鳳陽明皇陵建制与石刻芸術**　鳳陽県旅遊発展有限公司編　闞緒杭主編　文物出版社　2012年8月
　　　　　明太祖朱元璋の父母の陵墓の皇陵碑、石像群を紹介する。
⑩　福建省
0294. **九日山石刻注釈1**　（九日山祈風文化叢書第1輯）　黄威謙　中国文史出版社　2008年7月
0295. **武夷山書法大観**　陸永建・劉達友編著　海風出版社　2008年11月
0296. **福州十邑摩崖石刻**　黄栄春主編　福州市政協文史資料委員会編　福建美術出版社　2008年11月
　　　　　福州市及び清代福州府に所属した十邑(今福清市、長楽市、閩侯県、連江県、閩清県、羅源県、永泰県、平潭県及寧徳市属之古田県、屏南県)で、2000年まで造られた摩崖石刻586段の写真・録文、摩崖造像11箇所、岩画2箇所の写真を収める。
0297. **清源山摩崖石刻百印選**　郭其平編？　清源山風景名勝区管委会　2009年1月
0298. **泉州道教碑文詞選**　（泉州道教文化叢書）　泉州玄妙管委会編　中国文聯出版社

2009年3月

0299. **泉州府文廟碑文録**　泉州府文廟文物保護管理処編　（福州）海潮撮影芸術出版社　2009年8月

0300. **泉州古城歴代碑文録**　呉喬生［等］編　中国文史出版社　2009年12月
　　　　唐代以来の碑誌刻文1008篇を収録するという。

0301. **武夷山青竹碑林：柳永朱熹詩詞碑刻作品集**　全3冊　陸永建編著　海潮撮影芸術出版社　2009年12月

0302. **海峡百家姓氏聯墨碑林：作品一集**　洪明社主編　厦門泉州商会・中国楹聯学会編　中国楹聯出版社　2010年5月

0303. **安平碑拓録**　許著華編？　福建人民出版社　2010年12月

0304. **厦門墓誌銘彙粋**　何丙仲・呉鶴立編纂　厦門市文化広電新聞出版局・厦門市文物局主編　厦門大学出版社　2011年6月
　　　　唐代以来の墓誌160余篇の釈文を収める。

0305. **厦門石刻擷珍**　（厦門文史叢書）　何丙仲著　中国人民政治協商会議福建省厦門市委員会編　厦門大学出版社　2011年12月
　　　　厦門行政区画内及び歴史上厦門同安県に所属した一部地区に現在まで残る摩崖石刻・碑刻・墓誌を収める。

0306. **晋江碑刻集**　晋江市政協文史資料委員会編　粘良図・陳聡藝編注　九洲出版社　2012年7月

⑪ 江西省

0307. **滕王閣碑刻墨迹**　（滕王閣旅遊小叢書）　徐忠・宗九奇主編　江西美術出版社　2009年7月

0308. **廬山歴代石刻**　陶勇清主編　胡迎建撰文　江西美術出版社　2010年5月
　　　　晋代以来の歴代石刻250点余の拓本・釈文を収録。

0309. **廬山歴代書法精品百幅**　陶勇清編　江西美術出版社　2012年10月

⑫ 山東省

0310. **金石精萃**　鄒衛平主編　済南出版社　2008年1月
　　　　済南市図書館蔵の金石碑刻拓本から精選された96点を収録するという。

0311. **魯南歴代書画碑刻選集**　顔景濤編著　中国文聯出版社　2008年1月

0312. **扈穀摩崖碑刻珍蔵集**　黄貴生主編　（香港）銀河出版社　2008年4月

0313. **沂山石刻**　張孝友主編　山東友誼出版社　2009年7月
　　　　東鎮碑林の碑碣145点（一部残碑を含む）・碑文200余篇と沂山各所の歴代刻石を収集。

0314. **曲阜歴代著名碑文校注**　孔偉著　中国図書出版社　2009年9月？

0315. **大明湖楹聯碑刻**　（明湖風月叢書）　孔憲雷・于文玲編著　濟南出版社　2009年9月

0316. **孟廟歴代碑文題咏選注**　劉培桂著　泰山出版社　2009年11月

0317. **嶧山石刻碑文注釈**　王川主編　華文出版社　2009年12月
　　　　歴代の碑刻、秦1、北朝1、金1、元12、明47、清39、民国9、合計110点の釈文を収める。

0318. 泰山白馬石摩崖石刻　史中華主編　西苑出版社　2010 年 2 月

0319. 碑刻匾額楹聯集粹　（王羲之故居文化芸術叢書）　卞文東編　中国芸術出版社　2010 年 6 月

0320. 中国書法名山：泰山石刻典蔵　全 4 冊　沈維進主編　山東友誼出版社　2010 年 10 月

0321a. 山東道教碑刻集：青州昌樂巻　趙衛東・荘明軍編　斉魯書社　2010 年 11 月

0321b. 山東道教碑刻集：臨朐巻　趙衛東・宮徳傑編　斉魯書社　2011 年 7 月
　　　道教に関係する碑碣、墓誌、塔銘、摩崖、経幢、題記等の碑刻、a. に 300 余種の釈文(約 100 件は拓本写真も)、b. に 150 余種釈文と部分拓本写真を収録する。

0322. 泰山摩崖石刻：南天門巻　史中華編著　山東画報出版社　2010 年

0323. 孔府孔廟碑文楹聯集萃　全 2 冊　（濟寧歴史文化叢書）　孟継新主編　中国社会出版社　2011 年 1 月

0324. 孟府孟廟碑文楹聯集萃　（濟寧歴史文化叢書 11）　邵澤水主編　中国社会出版社　2011 年 1 月

0325. 済寧歴代墓誌銘　李恒法・解華英編著　斉魯書社　2011 年 2 月
　　　済寧地区発見の石刻(殆どが墓誌)、戦国 1、後漢 3、西晋 1、隋 1、唐 4、五代 1、宋 2、元 4、明 56、清 41、附録 17、合計 131 点の釈文(拓本写真 28 点を含む)・説明・注釈を収録する。

0326. 歴城碑刻　第一・二輯　（歴城碑刻叢書）　王徳福主編　歴城区文化広電新聞出版局　2011 年 8 月～12 月？
　　　第一輯に 60 余件、第二輯に 50 余件の碑刻拓本と釈文を収めるという。

0327. 山東財政学院蔵古代碑刻精品拓片図録　山東財政学院芸術研究中心編・印　2011 年 6 月

0328. 来禽館石刻拓本：楽陵館蔵明代邢侗書法石刻　張法亭編著　山東美術出版社　2011 年 8 月

0329. 五蓮文物薈萃　郭公仕編著　斉魯書社　2011 年 11 月

0330. 石刻観奇　（恵民歴史文化叢書）　張建国［等］編　山東人民出版社　2012 年 8 月

0331. 鄒城石刻　全 1 函 3 冊　鄒城市政協編　中国文史出版社　2012 年 12 月？

⑬　河南省

0332. 中原文化大典・文物典・碑刻墓誌　譚淑琴主編　中州古籍出版社　2008 年 4 月
　　　河南省の後漢～民国の石刻[1]碑刻 68、[2]墓誌 289、[3]摩崖題刻・その他 11、合計 368 点を収録する。

0333. 古滎鎮金石考　全 2 冊　張振明主編　広陵書社　2008 年 10 月
　　　鄭州古滎鎮の唐代～民国の碑刻を収録する。

0334. 滎陽当代名碑　李鉄成編　広陵書社　2008 年

0335. 孝賢碑林作品集　師東主編　嵩山少林孝賢碑林籌建処　2008 年

0336. 香山大悲菩薩伝　1 函 1 冊　肖紅編著　文物出版社　2009 年 2 月
　　　平頂山市宝豊県の香山大普門禅寺内に現存する北宋の香山大悲菩薩伝碑(蔡京書丹)を影印収録する。
　　　漢化観音文化発祥地：読《宝豊香山大悲菩薩伝(碑)》　周分廷　中国文物報 2010 年 7

月28日

0337. **千古風流：東坡碑林拓片選集**　魯芸[等]主編　東坡書画報編輯部　2009年7月
0338. **永城石刻**　李俊山・賈光編著　河南大学出版社　2010年7月
0339. **中州百県水碑文献**　全2冊　范天平整理　陝西人民出版社　2010年12月
0340. **本溪碑林 碑拓選粹**　全3冊　本渓平頂山環城森林公園管理局編・印　2010年12月
0341. **康百万荘園館蔵珍品十六屏**　李春暁主編　中州古籍出版社　2011年1月
　　　晩清の名流を集めた書法碑刻を紹介。
0342. **滎陽文物志**　滎陽文物志編纂委員会編著　常維華・陳万卿主編　中州古籍出版社　2011年5月
　　　古遺址、古墓葬、古建築、石窟寺及石刻(造像・碑碣・経幢・墓誌・石棺などを含む)124箇所、近現代重要史跡及代表性建築、館蔵文物234点を収録。
0343. **嵩山歴代碑刻選**　（嵩山文化叢書）　張愛図主編　河南文芸出版社　2011年7月
0344. **中国鞏義神墨碑林**　（済寧歴史文化叢11）　王双成主編　河南美術出版社　2011年8月
0345. **扶溝石刻**　（周口考古系列叢書）　郝万章著　中国広播電視出版社　2012年3月
0346. **大蘇山浄居寺古碑碣**　大蘇山浄居寺文化研究会編　王照権主編　河南人民出版社　2012年4月
0347. **丹霞寺**　南召県旅游局編・印　2012年
0348. **輝県碑碣石刻**　全2冊　王建新主編　中州古籍出版社　（近刊予告）

⑭　湖北省

0349. **武当山道教宮観建築群**　李光富・周作奎[等]編　湖北科技出版社　2009年10月
0350. **古隆中歴代碑文注釈与評析**　韓文傑主編　長江出版社　2011年7月
0351. **荊門古跡碑文抄注**　劉南陔・汪懐庭[等]編著　華中師範大学出版社　2011年12月
　　　荊門市境内に存する南宋〜民国の古跡碑刻の詩文110余篇を収集整理。
0352. **紀念辛亥革命百年首義碑林作品集**　蘭干武[等]編輯　首義碑林籌建工作領導小組編　湖北美術出版社　2011年12月

⑮　湖南省

0353a. **湖湘碑刻(2)：浯渓巻**　（湖湘文庫乙編）　浯渓文物管理処編　湖南美術出版社　2009年4月
　　　浯渓碑林収蔵の唐宋〜民国の歴代名人の浯渓に関する頌、銘、賦、記、詩詞、聯語、題名、榜書などの現存碑刻拓本286幅を紹介する。
0353b. **湖湘碑刻(1)**　（湖湘文庫乙編）　劉剛主編　浯渓文物管理処編　湖南美術出版社　2009年9月
　　　湖湘地方の歴代碑刻作品を紹介。
0354. **郴州金石録**　梁志安編　中国文史出版社　2012年

⑯　広東省

0355. **潮陽石刻**　編者不詳　（香港）天馬図書有限公司　2008年9月
0356. **広州寺庵碑銘集**　（広州史志叢書）　広州市地方志辦公室編　李仲偉・林子雄・崔志民編著　広東人民出版社　2008年11月

広州10区2市にある寺庵約40ヶ所の古代〜1949年における碑銘資料276篇を収録。

0357. **南海神廟文献匯輯** （広州史志叢書）　広州市地方志辦公室編　陳錦鴻点注　広州出版社　2008年12月？
31種の文献から史跡・碑刻・詩文筆記に分類して収集。

0358. **東莞市博物館蔵碑刻** （東莞市博物館叢書）　東莞市博物館編　諶小霊主編　文物出版社　2009年4月
北宋〜民国時期の碑碣、墓誌、経幢など51点の拓本写真、釈文を収録。

0359. **陽山県韓愈遺墨歴代景韓詩石刻拓片集**　劉英傑主編　陽山県韓愈研究会編　大衆文芸出版社　2010年6月

0360. **龍紋鞭影蔵古韻：夢崗古碑文集萃**　潘史揚主編　広州夢崗区教育文化広電新聞出版局　2009年12月
広州夢崗区の木聯、牌匾、碑刻など拓片71点を収める。

0361. **流芳系列，石刻書画分冊**　魯成文主編　仏山市城市建設档案館・仏山市城市地理信息中心編　嶺南美術出版社　2010年

0362. **金石癖：文房搨本集**　翦淞閣編？　嶺南美術出版社　2011年4月

0363. **七星岩 摩崖石刻精選**　黄新華主編　肇慶名城与旅游発展研究会編・印　2011年12月

⑰　海南省

0364. **半山壹号：鐫刻山壁上的海南故事1**　王徳俊主編　中国華僑出版社　2012年1月

0365. **海南史伝与碑伝匯纂**　周偉民［等］編　知識産権出版社　2012年6月

0366. **東山嶺摩崖石刻文化**　韋章運主編　海南出版社　2012年

⑱　広西壮族自治区

0367. **広西石刻人名録**　張益桂著　漓江出版社　2008年9月
広西の石刻に刻された人名、「前言」によれば隋以前4、唐88、五代9、宋1519、元187、明986、清1228、合計約4000余人を簡介を附して時代ごとに収録。巻末に広西石刻目録などを附す。
半世紀に及ぶ広西石刻研究の集大成：広西石刻人名録　戸崎哲彦　東方335　（日本)東方書店　2009年1月

0368. **永福石刻** （永福文化叢書）　黄南津［等］主編　広西人民出版社　2008年9月

0369. **龍勝各族自治県碑文集**　石凌広主編　出版社未詳　2009年12月

0370. **碑拓：広西壮族自治区桂林図書館蔵精粋**　楊邦礼主編　商務印書館　2010年

0371. **霊川歴代碑文集**　曾橋旺編著　中央文献出版社　2010年11月

0372. **桂林墓誌碑文**　桂林市文物工作隊編　広西人民出版社　2012年12月

⑲　重慶市・四川省

0373. **富楽山碑刻**　四川.綿陽富楽山公園管理處編・印　2009年1月

0374. **凉山歴史碑刻注評** （四川省凉山彝族自治州第三次全国文物普査成果叢書）　劉弘・唐亮主編　凉山彝族自治州博物館・凉山彝族自治州文物管理所編著　文物出版社　2011年8月
凉山彝族自治州の17県・市に散在する1,000余の歴史碑刻から精選された前漢晩

期～民国期の碑刻110余点の図版を収めるという。

0375. **白帝城歴代碑刻**　全2冊　（奉節文化遺産書系叢書）　李江主編　白帝城博物館編　天津古籍出版社　2011年9月

   [1]白帝城歴代碑刻選、[2]白帝城竹枝詞碑園書法賞析の両冊に分け、碑刻50通、瞿塘峡摩崖石刻15幅、匾額5幅を収録するという。

0376. **双桂堂匾額楹聯碑文実録**　（梁平文史資料第12輯）　陳果立主編　梁平県政協文史委員会　2011年

0377. **成都出土歴代墓銘券文図録綜釈**　全3冊　成都文物考古研究所・成都博物院編著　劉雨茂・栄遠大編　文物出版社　2012年11月

   後漢3・蜀漢1・西晋1・隋1・唐10・五代23・北宋112・南宋137・明424・清9・民国2、合計全723点の拓本と釈文を収録する。

0378. **川陝革命根拠地歴史文献資料集成**　全3冊　西華師範大学歴史文化学院・川陝革命根拠地博物館編　四川大学出版社　2012年11月

⑳　貴州省

0379. **鳳山集韻**　楊発年主編　天柱三星岩碑林小組　2008年5月

0380. **遵義県木雕石刻碑文拓片**　政協遵義県宣教文衛委員会編・印？　2008年

0381. **思南石籍：烏江摩崖集**　汪育江編著　貴州省烏江博物館　2010年7月

   宋明以来の思南県の各類碑刻100余通を収録。

0382. **水族墓葬石雕**　楊俊編著　四川人民美術出版社　2010年12月

   貴州省三都県・茘波県などの水族墓葬石雕269件を紹介。

㉑　雲南省

0383. **中国雲南少数民族生態関連碑文集**　唐立（クリスチャン・ダニエルス）編　（日本）総合地球環境学研究所研究プロジェクト4-2「アジア・熱帯モンスーン地域における地域生態史の統合的研究：1945-2005」　2008年3月

   雲南省東南部の元江（紅河）流域に現存する清代～民国の碑刻51点の拓本写真、録文（和訳35点）を収録し、文書30点の写真、釈文を附録する。

0384. **保山碑刻**　趙家華主編　保山市文化広電新聞出版局編　雲南美術出版社　2008年5月

0385. **安寧温泉摩崖石刻古碑集**　鄔振宇主編　雲南民族出版社　2008年11月

0386. **石刻剣川**　（剣川民族文化叢書）　王明達著　雲南民族出版社　2008年

0387. **玉渓碑刻選集**　周鳳瓊主編　玉渓市档案局（館）編　雲南人民出版社　2009年3月

0388. **大理叢書：考古文物篇**　全10巻　白族研究所編　雲南民族出版社　2009年8月

0389. **雲南文廟存佚**　趙廷光主編　雲南人民出版社　2009年10月

0390. **楚雄龍泉書法院碑刻書文集**　雲南楚雄第一中学編　雲南人民出版社　2010年10月

0391. **晋寧碑刻・楹聯専輯**　（晋寧文史資料選輯第15輯）　晋寧政協文史資料編委会編・印？　2011年

0392. **麗江歴代碑刻輯録与研究**　（納西学資料叢編・歴史文献輯）　楊林軍編著　雲南民族出版社　2011年12月

   各類の碑刻102通を収録するという。

㉒　陝西省

0393. 西北民族大学図書館于右任旧蔵金石拓片精選　郭郁烈主編　上海古籍出版社　2008年4月
　　　　于右任が蒐集した周秦〜民国の銘文碑誌刻208種の拓本写真を収録するという。
0394. 西安碑林情縁　西安碑林博物館編・印　2008年7月
0395. 中国・桂県 白雲山白雲観碑刻　王富春・張飛栄著　陝西旅游出版社　2008年9月
　　　　碑記97種(明6、清41、現代50)、題刻91種(明6、清2、現代83)の拓本写真と録文を収録。
0396. 華山摩崖題刻　荊勤学編？　中国文化出版社　2009年6月
0397. 終南山楼観台道徳経吾訳　黎明編著　文物出版社　2010年1月
　　　　終南山楼観台の道徳経碑文を紹介。
0398. 淳化金石文存　姚生民・姚曉平編著　三秦出版社　2010年12月
0399. 当代淳化碑石　姚生民・姚曉平編著　三秦出版社　2010年12月
0400. 鳳栖碑縁　李興民主編　鳳栖山殯葬文化研究会編・印　2010年12月
　　　　約300篇の碑誌文及び祭文を収録するという。
0401. 西安清真寺古碑選注　烏志鴻著　寧夏人民出版社　2011年1月

㉓ 甘粛省

0402. 蘭州碑林蔵甘粛古代碑刻拓片菁華　李龍文主編　甘粛人民美術出版社　2010年5月
　　　　蘭州碑林所蔵の漢〜民国の摩崖・碑碣・墓誌・刻石の拓本から精選された100種137幅を収録する。
0403. 臨潭金石文鈔　(臨潭文史資料第8輯)　張俊立主編　甘粛文化出版社　2011年8月
　　　　唐代(749年)〜共和国成立初(1951年)の金石文献76種を収録する。
0404. 隴西金石録　全2冊　汪楷主編　甘粛人民出版社　2011年8月
　　　　碑碣墓誌を中心として、吉金器物の銘文も含めた隴西の金石史料443点(漢唐23・宋元70・明代124・清代187・民国39)を収録。
0405. 積石訪碑録　全2冊　趙忠編著　甘粛人民美術出版社　2012年10月

㉔ 寧夏回族自治区

0406. 中寧碑刻　中寧県党史県志辦公室編　寧夏人民出版社　2008年1月
　　　　明代以降の碑刻60余件を収録する。
0407. 固原歴代碑刻選編　程雲霞主編 寧夏固原博物館編　寧夏人民出版社　2010年4月
　　　　前秦〜民国までの重要碑刻資料80篇の釈文・実物写真または拓本を選録。

㉕ 台湾

0408. 南瀛碑文誌　詹評仁總編輯　(台湾)柚城文史采風社　2010年6月
0409. 金門碑碣翫跡　(浯島社会研究叢刊)　陳炳容撰文　葉鈞培図照　(台湾)金門県文化局　2011年1月
0410. 東勢文昌廟碑林　徐菊英編著　(台湾)台中市東勢文昌廟　2011年9月

(B〜D)附録1　碑帖・書道(書法)関係図書

0411. 北海閲古楼三希堂法帖石刻　全2冊　北海公園管理処編著　中国旅游出版社　2008年4月
0412. 名帖善本　(故宮博物院蔵文物珍品全集24)　施安昌主編　商務印書館　2008年7

月

0413. 銘刻与雕塑 （故宮博物院蔵文物珍品全集 29） 鄭珉中・胡国強主編　商務印書館　2008 年 7 月
　　　　　故宮博物院に収蔵する、商～元の甲骨・金文・磚瓦・石刻などの銘刻 86 点及び戦国～清の俑と造像作品 121 点を精選収録。

0414. 名碑善本 （故宮博物院蔵文物珍品全集 23） 施安昌主編　商務印書館　2008 年 8 月
　　　　　先秦・秦漢・隋唐碑刻 89 種を収録。

0415a. 海外蔵中国法書集・日本巻　全 3 冊　浙江大学中国古代書画研究中心編　浙江大学出版社　2008 年 11 月
　　　　　晋～明代の著名書家、王羲之、顔真卿、蘇軾、黄庭堅、米芾等の作品 36 点を収録。

0415b. 海外蔵中国法書集・欧美巻　全 2 冊　浙江大学出版社　（近刊予告）

0416. 柏克萊加州大学東亜図書館蔵碑帖　全2冊　柏克萊加州大学東亜図書館編　上海古籍出版社　2008年12月
　　　　　米国のカリフォルニア大学バークレー校東亜図書館収蔵の善本碑帖及び金石拓本2600余種の中から、[上]善本碑帖図録に重要な碑帖拓本290余件を精選・影印し、[下]総目提要に各拓本のデータを収め、英文提要及び石刻年代索引、源地索引と書者刻者索引を付す。
　　　　　碑刻瑰宝　海外遺珠：《柏克萊加州大学東亜図書館蔵碑帖》簡介　呉旭民　古籍新書報　2009 年 2 月

0417. 于右任蔵碑集錦　于媛主編　世界図書出版公司北京公司　2009 年 3 月

0418. 書法字帖類編(楷書)　張栄編？　人民美術出版社　2009 年 6 月

0419. 北海快雪堂法帖石刻　劉連元主編　北海公園管理処編著　中国旅游出版社　2009 年 9 月

0420. 書法　碑刻　石刻案　（中央電視台電視系列片：国宝档案系列叢書3）　中央電視台《国宝档案》欄目組編　中国民主法制出版社　2009 年 10 月

0421. 玉虹楼法帖　全 8 函 46 冊　孔徳平主編　孔府文物档案館編　鳳凰出版社　2009 年 10 月

0422. 歴代名碑精選　全 5 冊　広陵書社編・印　2009 年 12 月

0423. 于右任遺墨：魏碑　全 1 函 1 冊　王喜慧編　三秦出版社　2010 年 3 月
　　　　　《呉昌碩先生墓表》《王太夫人事略》《陸秋心先生墓誌銘》の 3 点を精選収録。

0424. 安素軒石刻精選　全 1 函 2 冊　朱戩選編　広陵書社　2010 年 4 月

0425. 故宮蔵品・碑帖　全10冊　施安昌主編　許国平撰文　紫禁城出版社　2010 年 5 月

0426. 八大山人書法全集　（清）八大山人書　江西美術出版社　2010 年 6 月

0427. 故宮珍蔵名碑法帖十種　全 1 函 10 冊　施安昌主編　紫禁城出版社　2010 年 7 月

0428. 中国書法経典20品：隷書巻　安徽美術出版社　2010 年 8 月

0429. 中国書法全集：図文版　全 4 冊　唐書同主編　吉林大学出版社　2010 年 9 月

0430. 湖湘歴代書法選集　（湖湘文庫乙編）　全 4 冊　湖南美術出版社　2010 年 10 月～2012 年 5 月
　　　　　[1]欧陽詢巻　夏時著、[2]懐素巻　周平著、[3]何紹基巻　劉剛著、[4]綜合巻　劉剛著、からなる。

0431. 米芾書法全集　全 33 冊　王連起・薛永年主編　故宮博物院・江蘇鎮江市丹徒区人

民政府編　紫禁城出版社　2010 年 12 月
　　　　《碑刻》4 冊・《法書》6 冊・《法帖》20 冊・《綜覧》1 冊に分けて収録する集大成的な米芾書法集。

0432. **天書図譜**　馬建興編著　人民美術出版社　2011 年 1 月
0433. **米芾書法全集・精選本**　全 2 函 16 冊　故宮博物院編　紫禁城出版社　2011 年 3 月
0434. **碑刻遺珍：于右任書法**　全 10 余冊　(中国碑刻遺珍叢書)　朱奕龍・田衛華主編　三秦出版社　2011 年 6 月～
　　　　既刊[1]～[4]
0435. **蘭亭図典**　故宮博物院編　紫禁城出版社　2011 年 9 月
　　　　故宮博物院で開かれた蘭亭関係の展覧会「蘭亭特展」と「蘭亭珍拓展」の展示品 157 点を紹介する。
0436. **米芾書法全集**　人民美術出版社　2011 年 9 月
0437. **于右任墓誌墓表集錦**　全 2 冊　何炳武主編　世界図書出版公司　2012 年 3 月
0438. **中国法書経典**　全 10 冊　叢俊主編　上海書画出版社　2012 年 5 月
0439. **施蟄存北窗碑帖選萃**　潘思源編　上海古籍出版社　2012 年 6 月
0440. **故宮博物院蔵品大系：書法編**　全?冊　李艶霞編　故宮出版社　2012 年 6 月～
　　　　[1]晋唐五代　傅紅展主編、[2]**宋**　李艶霞主編、[3]**宋**　華寧主編、[4]**宋**　王亦旻主編、
0441. **歴代帝王墨宝輯録**　唐太宗[等]書　吉林出版集団　2012 年 9 月
0442. **黄庭堅書法全集**　全 5 冊　黄君主編　江西美術出版社　2012 年 9 月
0443. **新疆美術大系：新疆書法篆刻巻**　《新疆美術大系》編委会編　新疆美術撮影出版社　2012 年 9 月?
0444. **傅山書法拓本撰集**　今川鴎洞・堀川英嗣編著　日本傅山研究会　2012 年 11 月
0445. **中国法書図鑑**　全 8 冊　劉伝喜・彭興林・陳敏傑編　山東美術出版社　(近刊予告)
　　　　晋代の陸機から清末の呉昌碩までの書法家約 2,000 人の代表作 2,000 余幅に作者の事跡に関する挿絵を配して収録するという。
0446. **中国伝世名帖精賞**　全 10 冊　河北教育出版社　(近刊予告)

(B～D) 附録 2　石窟・造像・彫刻関係図書
① 広域

0447. **観音与中国仏像巡礼**　馬元浩編撰・摂影　上海古籍出版社　2008 年 1 月
0448. **中国四大石窟綫描集**　宮万瑜[等]絵　天津人民美術出版社　2008 年 1 月
0449. **中国民間文化遺産：民間磚雕** Tallado en ladrillo　藍先琳・姜鳳光・林伝紅編？　外文出版社　2008 年 1 月
0450. **中国民間文化遺産：民間石雕** (英文版)　王抗生・段建華著　黄鋭訳　外文出版社　2008 年 1 月
0451. **回族雕刻芸術**　洪梅香[等]著　寧夏人民出版社　2008 年 9 月
0452. **中国古建築装飾芸術図集**　白文明編著　中国建築工業出版社　2008 年 10 月
0453. **中国伝統磚雕**　(中国伝統手工芸文化書系)　潘嘉来編著　人民美術出版社　2008 年 12 月

0454. **両家蔵古代仏像** 全2冊 金申・彭永華著 天津古籍出版社 2009年1月
[1]金申「苔華斎蔵仏像」[2]彭永華「澹泊軒蔵仏像」からなる。

0455. **中国石窟寺楽舞芸術** 孺子莘主編 人民音楽出版社 2009年7月
全国各地石窟の音楽舞踏の図像資料と研究成果を収録。論稿3篇を附す。

0456. **中国紋様全集** 全4巻 呉山編著 呉山・陸曄[等]絵 山東美術出版社 2009年8月
石刻、画像磚、画像石、瓦当、建築装飾等を含む。
一部全面系統的中国紋様史書 陸曄 中国文物報 2010年12月10日

0457. **盛放蓮花：歴代仏像褌珍** 一西著 文物出版社 2009年10月

0458. **中華弥勒造像芸術** 汪坤仿撮影・撰文 陳利権編撰 寧波出版社 2009年10月

0459. **中国歴代石刻芸術** 胡受奚・胡石青編著 文物出版社 2009年11月

0460. **伝世浮屠：中国古塔集萃** 全3冊 張馭寰編？ 天津大学出版社 2010年3月

0461. **観世音菩薩図典** 劉秋霖・劉健・王亜新・関琦・劉育[等]編著 百花文芸出版社 2010年4月

0462. **中国舞踏通史：古代文物図録巻** 劉青弋主編 劉恩伯著 上海音楽出版社 2010年12月

0463. **文物蔵品定級標準図例：造像巻** 国家文物局文物鑑定委員会編 文物出版社 2011年1月？

0464. **磚雕石刻** （中国古代建築知識普及与伝承系列叢書：中国古代建築装飾五書） 楼慶西著 清華大学出版社 2011年4月

0465. **千門之美** （中国古代建築知識普及与伝承系列叢書：中国古代建築装飾五書） 楼慶西著 清華大学出版社 2011年4月

0466. **石窟寺雕塑** 全3冊 （中国美術全集） 金維諾・李裕群編 黄山書社 2011年6月

0467. **宗教雕塑** 全2冊 （中国美術全集） 羅世平編 黄山書社 2011年6月

0468. **中国道教神仙造像大系** 張継禹主編 中国道教学会編 五洲伝播出版社 2012年1月

0469. **中国古代音楽図像** 姜永興編著 中央音楽学院出版社 2012年4月

0470. **嘛呢石** （蔵伝仏教視覚芸術典蔵） 付平撮 楊敬華撰 青海人民出版社 2012年5月

② 北京市

0471. **蔵伝仏教造像** （故宮経典） 故宮博物院編 羅文華主編 紫禁城出版社 2009年9

0472. **故宮博物院蔵品大系：雕塑編** 全9冊 故宮博物院編 紫禁城出版社 2011年1月
[1]戦国至南北朝俑及明器模型 胡国強主編、[2～3]隋唐俑及明器模型 田軍主編、[4]宋元明俑及明器模型 王全利主編、[5]磚石雕刻 王全利主編、[6]金石造像 胡国強主編、[7]河北曲陽修徳寺遺址出土仏教造像 胡国強主編、[8]瓷塑与泥塑 呂成龍・馮賀軍主編、[9]木雕・竹雕・夾紵 馮賀軍主編

0473. **石雕与建築：故宮建築中的石雕一覧** 白麗娟編 建築工業出版社 2011年7月？

0474. **仏教造像手印** 李鼎霞・白化文編著 中華書局 2011年10月

0475. **故宮観音図典** （故宮経典） 故宮博物院編 馮賀軍・王子林主編 故宮出版社 2012年4月

③ 河北省

0476. 曲陽造像：你応該知道的200件　（故宮収蔵叢書）　故宮博物院編　胡国強主編　紫禁城出版社　2009年12月

0477. 響堂山石窟芸術　趙立春編著　政協邯鄲市峰峰礦区委員会編　中国文史出版社　2010年7月
　　　　全10章からなり[3]石窟雕塑、[4]石窟刻経、[6]考古発掘、[7]歴代題記、[9]響堂山附近石窟石刻を含む。

0478. 曲陽石雕　（河北民俗文化叢書）　万樹勲・王麗敏編著　科学出版社　2011年6月

④　山西省

0479. 雲岡石窟＝Yungang grottoes　大同雲岡石窟研究院編　張焯主編　文物出版社　2008年4月

0480. 雲岡石窟綫描集　（中国四大石窟之一）　毛志喜著　人民美術出版社　2008年6月

0481. 綿山神仏造像上品　馮驥才主編　中華書局　2009年3月

0482. 平定民間文化芸術集萃　李維瀾主編　中国文史出版社　2009年10月
　　　　木雕・石雕・摩崖・匾聯などの図版を大量に収録。

0483. 中国大同雕塑全集　全6冊　馮驥才総主編　中華書局　2010年9月～2011年8月　**雲崗石窟雕刻巻**　全2冊　丁明夷巻主編　2010年9月、**寺観雕塑巻**　丁明夷巻主編　全2冊　2010年9月、**館蔵雕塑巻**　陳雲崗巻主編　2011年8月、**建築雕刻巻**　殷憲巻主編　2011年8月、からなる。

0484. 五台山仏光寺　張映瑩・李彦主編　文物出版社　2010年11月
　　　　[5]仏光寺高僧与墓塔に合計12点(北魏2、唐9、金1)、[6]仏光寺経幢に合計3点(唐2、明1)、[(7)仏光寺碑碣に合計22点(唐2、宋1、明6、清10、民国1、時代不詳2)を収録。他に[3]東大殿に墨書題記8点(唐4、明1、清1、時代不詳2)を収める。

0485. 唐風宋雨：山西晋城国宝青蓮寺・玉皇廟彩塑賞析　趙学梅撮影・著　商務印書館　2011年8月

0486. 雲岡石窟仏宇宙　六田知弘撮影　（日本)冨山房インターナショナル　2010年11月

0487. 雲岡石窟装飾図案集　＝ Decorative patterns of the Yungang grottoes ＝ **雲岡石窟に用いた装飾の図案集**　（中英日文本）　劉子瑞編　王晨絵著　天津人民美術出版社　2011年1月

0488. 中国石窟芸術：雲岡　張焯主編　江蘇美術出版社　2011年8月

0489. 隋唐仏都青蓮寺　劉金鋒主編　山西経済出版社　2011年12月

0490. 国之瑰宝：長子法興寺崇慶寺　清華大学建築学院国家遺産中心・山西省長子県文物旅游発展中心編　趙炳時・于兆雄・張宇飛主編　中国建築工業出社　2011年12月

0491. 生死同楽：山西金代戯曲磚雕芸術＝Theater, Life, and the Afterlife: tomb decor of the Jin dynasty from Shanxi　山西博物院編　石金鳴・海蔚藍主編　科学出版社　2012年1月

0492. 長治観音堂明代彩塑　長治市博物館編　張斌宏主編　文物出版社　2012年5月

0493. 観音堂：山西長治明代彩塑珍品　閻広主編　山西省長治市博物館編撰　馬元浩総摂影　浙江摂影出版社　2012年6月

0494. 天龍山石窟芸術　連穎俊編著　外文出版社　2012年10月

⑤　遼寧省

0495.　朝陽遼代画像石刻　（文物考古収蔵）　宋曉珂編　学苑出版社　2008年3月
0496.　元帥林石刻　郝武華著　遼寧人民出版社　2012年4月
　　　　　　撫順市区内の張作霖の陵墓にある明清の多種類の石雕群を調査整理する。

⑥　江蘇省

0497.　上海相東仏像芸術館蔵品集　朱達人主編　上海古籍出版社　2011年5月
0498.　五百羅漢図像賛　全5冊　綫装書局　（近刊予告）

⑦　浙江省

0499.　飛来峰蔵伝仏教石刻造像　浙江古籍出版社　2008年3月
0500.　五代貫休羅漢図　楊新編　文物出版社　2008年9月
0501.　黄山八面庁：建築与雕刻芸術　呉高彬主編　文物出版社　2010年2月
0502.　宋六陵遺物萃編　季承人主編　紹興県文化発展中心・越国文化博物館編　西泠印社出版社　2011年11月

⑧　安徽省

0503.　徽州石雕二十四孝　樊偉業主編　海徳光摂影編著　中国摂影出版社　2009年1月
0504.　徽州古建築陳列　安徽省博物館編　文物出版社　2012年11月

⑨　山東省

0505.　臨朐仏教造像芸術　山東臨朐山旺古生物化石博物館編著　科学出版社　2010年6月
　　　　　　1984年に山東省臨朐県明道寺舎利塔地宮から出土した北朝～隋代の仏教石陶造像114点を紹介。

⑩　河南省

0506a.　中原文化大典・文物典・龍門石窟　全2冊　李振剛主編　中州古籍出版社　2008年4月
0506b.　中原文化大典・文物典・中小型石窟与石刻造像　王景荃主編　中州古籍出版社　2008年4月
0507.　鴻慶寺石窟　河南省古代建築保護研究所編　中州古籍出版社　2008年
0508.　河南仏教石刻造像　（大象博物文庫）　河南博物院編　王景荃主編　大象出版社　2009年4月
　　　　　　北魏～唐代の河南地区の仏教石像140体（北魏28、東魏7、北斉北周44、隋5、唐48、流失海外8）を実物写真と線図、拓本とを組み合わせ詳細に紹介。
　　　　　　従《河南仏教石刻造像》的出版談仏教造像資料的整理与研究　馬世長　中国文物報　2010年4月16日
0509.　新郷古代建築与石刻芸術　新郷市文物考古研究所　傅山泉編著　中州古籍出版社　2010年6月
0510.　洛陽周囲小石窟全録　全5巻　楊超傑編著　外文出版社　2010年6月
　　　　　　北魏～唐代の洛陽周囲の小石窟15箇所（偃師水泉寺石窟、新密香峪寺石窟、登封石窟、澠池石窟寺石窟、義馬鴻慶寺石窟、伊川品寨石窟、嵩県鋪溝石窟、伊川鴉嶺石窟、孟津謝荘石窟、万仏山石窟、宜陽虎頭寺石窟、新安西沃石窟、偃師李村石窟、滎陽王宗店石窟、鞏県石窟）の内容を記録。
　　　　　　洛陽仏教文化聚撮　袁錦世　中国文物報2010年11月13日

0511. 賓陽洞：龍門石窟第104．140．159窟　劉景龍編著　文物出版社　2010年12月
0512. 昌邑古迹通覧　昌邑市博物館編　劉乃賢主編　科学出版社　2012年3月

⑪　湖南省

0513. 湘西南民間郷土雕刻　唐文林[等]編　湖南人民出版社　2008年11月
0514. 神韻：武当道教造像芸術　武当博物館編著　文物出版社　2009年9月
0515. 湖湘石雕　（湖湘文庫）　焦成根・陳剣著　湖南美術出版社　2010年9月
0516. 清刻五百羅漢　（清）祝聖寺刻　吉林出版集団　2012年9月

⑫　重慶市・四川省

0517. 巴中石窟：唐代彩雕芸術　巴中市巴州区文物管理所編撰　馬元浩摂　浙江摂影出版社　2008年7月。修訂版　同　2012年7月
0518. 安岳石窟　王達軍摂影　四川美術出版社　2008年9月
0519. 巴中石窟　程崇勲著　文物出版社　2009年8月
　　　　[1]巴中石窟的現状、[2]対巴中石窟的考証与研究からなり、[1]に隋唐〜清の石刻造像の記録・銘刻碑記の釈文などを、200余幅の写真とともに収録する。
0520. 重慶中国三峡博物館蔵文物精粋：唐卡・造像　文物出版社　2011年9月
0521. 広元石刻精品集　王振会主編　上海人民美術出版社　2011年11月
0522. 峨眉山楽山大仏　（世界自然与文化遺産叢書）　詹小明摂影　四川美術出版社　2012年9月
0523. 大足石刻档案(資料)　（大足学研究文庫）　編者未詳　重慶出版社　2012年？
　　　　〈宝頂山石窟档案(資料)〉和〈多宝塔档案(資料)〉を附録するという。

⑬　広東省・雲南省

0524. 仏国遺珍：南詔大理国的仏陀世界＝ The remaining treasures of the buddhist kingdom the Nanzhao-Dali kingdom: paradise of buddhism（雲南蔵宝系列叢書）雲南省博物館編　雲南民族出版社　2008年
0525. 福田閣石刻拓本　鶴壁編・印？　2010年3月
0526. 句町神韻：広南文廟石雕　張芳明[等]主編　雲南大学出版社　2011年4月

⑭　西蔵自治区

0527. 西蔵的雕塑　（西蔵曼陀羅書系叢書）　楊輝麟編著　青海人民出版社　2008年2月
0528. 西蔵瑪尼石芸術　（西蔵民間芸術書系）　馬軍・黄莉編著　西蔵人民出版社　2008年4月
0529. 西蔵嘛呢石刻　馮少華著　北京出版社　2009年3月
　　　　西蔵の至る所に点在する嘛呢石刻拓片749枚を収録。
0530. 泥上仏国：西蔵擦擦造像　黄莉編　甘粛民族出版社　2012年5月

⑮　陝西省

0531. 石上逍遥：拴馬桩的雕刻芸術　柯文輝賞析・王勇超釈図　上海書画出版社　2008年7月
0532. 中国佳県古代石窟芸術　王富春編著　陝西旅遊出版社　2009年8月
0533. 西安文物精華：仏教造像　西安市文物保護考古所編著　孫福喜主編　世界図書出版公司　2010年3月
　　　　仏教造像200余点を精選。十六国北朝時期・隋唐時期・宋元明清時期に分類収録。

0534. 陝西宗教勝迹　陝西省政協民族和宗教委員会編　陝西人民出版社　2011 年 11 月
0535. 茂陵文物鑑賞図志　王志傑[等]著　三秦出版社　2012 年 4 月

⑯　甘粛省

0536. 瑞応寺遺珍　夏朗雲主編　麦積山石窟芸術研究所編　甘粛人民出版社　2008 年
0537. 瓜州東千仏洞西夏石窟芸術　寧夏大学西夏研究院・甘粛省古籍文献整理編訳中心等編　蘭州大学出版社　2010 年 6 月
　　　　東千仏洞石窟の壁画と石像を紹介する。
0538. 甘谷大仏　釈本逢主編　文物出版社　2012 年 7 月

⑰　青海省・寧夏回族自治区・新疆維吾爾自治区

0539. 須彌山石窟　（固原歴史文化叢書）　余貴孝・王琨編著　寧夏人民出版社　2008 年
0540. 新疆石窟芸術　盛春寿編著　中国旅遊出版社　2011 年 11 月
0541. 河湟蔵珍·蔵伝仏教文物巻　青海省博物館・青海民族博物館編著　文物出版社　2012 年 11 月 ?

（B～D）附録 3　石窟志・石窟内容総録

①　四川省・甘粛省

0542. 広元石窟内容総録：皇澤寺巻　（四川石窟内容総録系列叢書）　四川省文物管理局・成都文物考古研究所・北京大学中国考古学研究中心・広元市文物管理所編　巴蜀書社　2008 年 10 月
0543. 甘粛石窟志　（敦煌研究院学術文庫）　敦煌研究院・甘粛省文物局編　甘粛教育出版社　2011 年 12 月

②　新疆維吾爾自治区

0544. 庫木吐喇石窟内容総録　新疆亀茲石窟研究所編　文物出版社　2008 年 1 月
0545. 森木塞姆石窟内容総録　新疆亀茲石窟研究所編　文物出版社　2008 年 1 月
0546. 克孜爾哈石窟内容総録　新疆亀茲石窟研究所編　文物出版社　2009 年 1 月

（B～D）附録 4　寺廟祠志

①　北京市

0547. 北京内城寺廟志　全 2 冊　董暁萍[等]編　国家図書館出版社　2011 年 9 月

②　山西省

0548. 広慧寺志　大同県地方志編纂委員会編　青海人民出版社　2008 年 4 月
0549. 善化寺志　牛勃編著　甘粛人民美術出版社　2012 年 7 月

③　上海市・江蘇省

0550. 鄧尉山聖恩寺志　《鄧尉山聖恩寺志》編輯委員会編　広陵書社　2008 年 4 月
0551. 祥符禅寺志　釈无相主編　羅伯仟総纂　黄山書社　2009 年 3 月
0552. 雲翔寺志　（南翔古鎮文化書系）　慧禅主編　上海人民出版社　2009 年 9 月

④　浙江省

0553. 延慶観宗講寺志　寧波観宗講寺編　中国炎黄文化出版社　2008 年 10 月
0554. 衢州明果禅寺志　劉国慶・釈定照編纂　《衢州明果禅寺志》編委会　2008 年 10 月

0555. 杭州上天竺講寺志雲居聖水寺志　全2冊　劉成国・呉婷・袁九生点校　巴蜀書社　2011年7月

0556. 雪竇寺志　王増高主編　《雪竇寺志》編纂委員会編　寧波出版社　2011年9月

0557. 東明寺志　（東明山文化叢書）　（清）湛潜編撰　黄金貴・曾華強注釈　上海古籍出版社　2012年2月

⑤　福建省

0558. 三平寺志　福建省平和県三平風景区管理委員会編、印　2008年7月

0559. 福建省福清市西澗寺志　何愛先主編　宗教文化出版社　2010年10月

0560. 福州開元寺志略　《福州開元寺志略》編纂委員会編　宗教文化出版社　2010年10月

0561. 南普陀寺志　全2冊　厦門南普陀寺編　上海辞書出版社　2011年5月

0562. 寒岩天王寺志　釈本法編　長楽寒岩寺　2011年6月

⑥　山東省・河南省

0563. 甘泉寺志(山東)　《甘泉寺志》編纂委員会編　中国芸術出版社　2012年1月

0564. 慈雲寺志(河南)　釈延超主編　宗教文化出版社　2012年3月

⑦　湖南省・四川省

0565. 宝寧寺志(1684-2010)(湖南)　攸県地方志編纂委員会・攸県黄豊橋鎮人民政府編　攸県地方志編纂委員会　2010年12月

0566. 三蘇祠志(四川)　《三蘇祠志》編委会編　中国文史出版社　2011年9月?

⑧　広東省・雲南省

0567. 迪慶紅坡寺志(雲南)　仁欽都吉・阿旺曲批編　中国民族摂影芸術出版社　2008年8月

0568. 丹霞山錦石巌寺志(広東)　全1函4冊　（嶺南名寺志系列叢書　今志1）　仇江・蔣文仙・沈正邦・釈恆潔編撰　西泠印社出版社　2011年1月
　　　馬徳鴻・杜靄華・沈正邦釈文校注「錦石巌古摩崖碑刻集」を附録する。

0569. 雲南曹溪寺志　張曉嵐・唐俊編輯　安寧市宗教事務局・曹溪寺管理委員会編　雲南人民出版社　2012年4月

⑨　陝西省・甘粛省・青海省

0570. 合作寺志　（蔵文）　賽倉主編　甘粛民族出版社　2010年7月

0571. 夏瓊寺志　才旦夏茸著　青海民族出版社　2010年12月

0572. 重陽宮志　《重陽宮志》編委会編　陳法永主編　三秦出版社　2012年10月

⑩　香港

0573. 香港廟神志　（香港歴史文化通識必読教材1）　謝永昌・蕭国健著　香港道教聯合会　2010年6月

⑪　台湾

0574. 台中市文昌公廟志　社團法人台中市犁頭店郷土文化学会編輯　(台湾)台中市文昌公廟　2008年3月

0575. 台南県仁徳郷二層行清王宮廟志　陳奮雄編撰　(台湾)台南県清王宮管委会　2009年2月

0576. **大甲城隍廟志：暨創廟五十週年慶**　張慶宗[等]作　(台湾)大甲城隍廟管理委員会　2009 年 6 月

0577. **鹿港龍山寺志**　陳仕賢編　(台湾)鹿港龍山寺管委会　2010 年 1 月

0578. **元亨寺志**　釈忠定[等]編輯　(台湾)打鼓巖元亨寺　2010 年 1 月

0579. **埔里孔子廟志**　黃冠雲主編　(台湾)昭平宮育化堂董事会　2011 年 12 月

0580. **竹山靈徳城隍廟志**　林文龍總編輯　(台湾)竹山靈徳城隍廟管委会　2012 年 7 月

Ⅱ　考古調査発掘報告書・新出土文物図録

① 北京市

1001. 円明園長春園宮門区遺址発掘報告　（北京文物与考古系列叢書）　北京市文物研究所編　科学出版社　2009年1月

1002. 魯谷金代呂氏家族墓葬発掘報告　（北京文物与考古系列叢書）　北京市文物研究所編著　韓小荊著　科学出版社　2010年1月
    2007年に北京市石景山区魯谷で発掘された金代呂氏家族墓葬10基と清代墓葬52基の調査報告書。遼代の呂□□墓誌考釈・呂士安墓誌考釈、金代の呂嗣延墓誌考釈・東平県君韓氏墓誌考釈などを附録する。

1003. 北京寺廟宮観考古発掘報告　（北京文物与考古系列叢書）　北京市文物考古研究所編著　科学出版社　2010年1月
    北京地区の7箇所の「寺廟」（仏教建築）、3箇所の「宮観」（道教建築）、1箇所のイスラム建築に対して行われた考古発掘の報告書。

1004. 密雲大唐荘：白河流域古代墓葬発掘報告　（北京文物与考古系列叢書）　北京市文物研究所編著　上海古籍出版社　2011年1月
    北京市密雲県大唐荘遺跡の考古発掘報告。2007年1～3月に発掘を行い、墓葬122基（漢1・唐60・遼11・金3・明2・清45）を整理。唐・遼の墓誌拓本3点を収める。
    　北京密雲考古的重要成果：《密雲大唐荘：白河流域古代墓葬発掘報告》　于璞　中国文物報 2012年10月26日

1005. 昌平沙河：漢・西晋・唐・元・明・清代墓葬発掘報告　（北京文物与考古系列叢書）　北京市文物研究所編著　科学出版社　2012年12月

② 河北省・山西省

1006. 大同雁北師院北魏墓群　大同市考古研究所編　劉俊喜主編　文物出版社 2008年1月
    「北魏宋紹祖墓出土磚銘題記考釈」を附録する。

1007. 河北考古重要発現：1949～2009　河北省文物研究所編著　科学出版社　2009年12月

1008. 唐県高昌墓地発掘報告　（河北省考古発掘報告第2号）　南水北調中線建設幹線建設管理局・河北省南水北調工程建設委員会辦公室・河北省文物局編著　文物出版社 2010年10月
    2006年に行われた戦国～清代墓葬131基の発掘報告。

1009. 元中都：1998-2003年発掘報告　全2冊　河北省文物研究所編著　文物出版社 2012年11月
    　草原蒙古与中原元朝交滙的中都城　葛承雍　中国文物報 2012年12月14日

③ 遼寧省

1010. 姜女石：秦行宮遺址発掘報告　全2冊　華玉冰・楊栄昌編　遼寧省文物考古研究所編著　文物出版社　2010年11月
    遼寧省綏中県の渤海湾畔に位置する秦始皇帝の行宮（離宮）跡の発掘報告集。

1011. 義県奉国寺　全2冊　遼寧省文物保護中心・義県文物保管所編著　文物出版社　2011年8月

巻末に歴代重要碑記録文を付録する。

1012. **関山遼墓**　遼寧省文物考古研究所編著　文物出版社　2011 年 9 月
　　　2008 年に行った考古発掘調査報告集。晋国王妃秦国太妃耶律氏墓志銘、蕭徳恭墓志銘、梁国王墓志銘(契丹小字)などを収録する。

1013. **遼文化・慶陵一帯調査報告書 2011**　吉川真司・古松崇志・向井佑介編集　（日本）京都大学大学院文学研究科　2011 年 9 月

1014. **朝陽隋唐墓葬発現与研究**　遼寧省文物考古研究所・日本奈良文化財研究所編著　科学出版社　2012 年 6 月
　　　近年朝陽市で発掘された唐代墓葬の簡報 10 篇、関係論文 12 篇を収録。

④　吉林省

1015. **集安出土高句麗文物集粋**　吉林省文物考古研究所・集安市博物館・吉林省博物院編著　科学出版社　2010 年 6 月

1016. **扶余明墓：吉林扶余油田磚廠明代墓地発掘報告**　吉林省文物考古研究所編著　文物出版社　2011 年 12 月

1017. **六頂山渤海墓葬：2004-2009年清理発掘報告**　（渤海文物保護工程発掘報告系列叢書）吉林省文物考古研究所・敦化市文物管理所編著　文物出版社　2012 年 10 月

⑤　黒龍江省

1018. **渤海上京城 1998～2007年度考古調査発掘報告**　全 3 冊　黒龍江省文物考古研究所編著　文物出版社　2009 年 7 月
　　　憶渤海考古：写在《渤海上京城》報告出版之際　許永傑　中国文物報 2009 年 11 月 27 日
　　　一本能拠之復原遺存現状的好報告：《渤海上京城 1998～2007年度考古調査発掘報告》張忠培・王培新　中国文物報 2010 年 2 月 5 日
　　　重大収獲　豊碩成果　朱国忱　中国文物報 2010 年 6 月 25 日

1019. **寧安虹鱒魚場 1992～1995年度渤海墓地考古発掘報告**　全 2 冊　黒龍江省文物考古研究所編著　文物出版社　2009 年 7 月

1020. **海曲華風：渤海上京城文物精華**　李陳奇・趙哲夫著　文物出版社　2010 年 12 月

1021. **渤海上京城考古**　黒龍江省文物考古研究所　趙虹光著　科学出版社　2012 年 12 月

⑥　上海市・江蘇省

1022. **上海明墓**　上海市文物管理委員会編著　何継英主編　文物出版社　2009 年 11 月
　　　発掘・徴集した多数の墓誌・買地券を収録する。
　　　系統整理上海明墓資料 深入研究上海埋葬習俗　宋建　中国文物報 2010 年 4 月 2 日
　　　《上海明墓》評介　張童心・王斌　上海文博論叢2010-2

1023. **連雲港孔望山**　中国国家博物館田野考古研究中心・南京博物院考古研究所・連雲港市文物管理委員会辦公室・連雲港市博物館編著　文物出版社　2010 年 1 月 0
　　　上編に[3]摩崖造像群、[4]造像群周辺的石刻遺迹、[5]造像群前遺址的発掘、下編に[1]摩崖造像群研究、[2]造像群周辺石刻遺迹的研究、の文章を収める。
　　　展"孔望"之美 聚衆家之言　石峰　中国文物報 2010 年 11 月 13 日

1024. **大運河両岸的歴史印記：楚州・高郵考古報告集**　（南北水調東線工程文物保護項目江蘇省考古発掘報告第 2 号）南京博物院編著 科学出版社　2010 年 5 月
　　　周全学墓誌(明永楽 7 年 7 月 15 日) 1 点の拓本写真を収める。

1025. **揚州城：1987～1998年考古発掘報告** （中国田野考古報告集　考古学専刊丁種第84号）中国社会科学院考古研究所・南京博物院・揚州市文物考古研究所編著　文物出版社　2010年7月

　　　東晋・唐・宋の銘文城磚・瓦当の写真、拓本写真を収録。

⑦　浙江省・安徽省

1026. **馬鞍山六朝墓葬発掘与研究**　王俊主編　科学出版社　2008年9月
1027. **南宋恭聖仁烈皇后宅遺址**　（臨安城遺址考古発掘報告）　杭州市文物考古所編著　文物出版社　2008年12月
1028. **浙江宋墓**　浙江省文物考古研究所編著　科学出版社　2009年1月
1029. **余杭義橋漢六朝墓**　杭州市文物考古所・余杭区博物館編著　文物出版社　2010年8月
1030. **物華天宝：呉越国出土文物精粋**　臨安市文物館編　朱暁東編著　文物出版社　2010年9月
1031. **浙江漢六朝墓報告集**　浙江省文物考古研究所編著　科学出版社　2012年5月

　　　発掘報告・簡報16篇を収録。

1032. **晩唐銭寬夫婦墓**　浙江省文物考古研究所・浙江省博物館・杭州市文物考古研究所・臨安市文物館編著　文物出版社　2012年9月

　　　1978・80年に現臨安市で発掘した五代呉越国王銭鏐の父母銭寬・水丘氏夫婦墓の調査報告書。銭寬墓誌（光化3年11月葬）と水丘氏墓誌（天復元年9月卒）の拓本写真と釈文を収録する。また2008年に臨安市で発掘した童栄之・駱氏夫婦墓の調査報告を附録し、童栄之墓誌・駱氏墓誌（926年前後葬）の拓本写真と釈文を収める。

⑧　江西省

1033. **江西明代藩王墓**　江西省博物館・南城県博物館・新建県博物館・南昌市博物館編　文物出版社　2010年1月

　　　（一）寧献王朱権生平史料輯録（二）益端王朱祐檳生平史料輯録（三）益端王墓碑（四）益荘王神道碑を附録する。

⑨　山東省

1034. **魯中南漢墓**　全2冊　山東省文物考古研究所編著　文物出版社　2009年12月

　　　1998年～2000年に曲阜、兗州、嘉祥、滕州等で発掘した画像石を含む8基の漢墓の報告書。

1035. **染山漢墓**　張耕・李慧・張永平・燕燕燕・陳慶峰・顔道彩編著　滕州市漢画像石館編　斉魯書社　2010年11月
1036. **汶上南旺：京杭大運河南旺分水枢紐工程及龍王廟古建築群調査与発掘報告**　山東省文物考古研究所・中国文化遺産研究院[等]編著　文物出版社　2011年1月

　　　碑碣拓本、碑文釈録を附録するという。

⑩　河南省

1037. **唐安国相王孺人壁画墓発掘報告**　洛陽市第二文物工作隊編著　河南美術出版社　2008年5月

　　　2005年、洛陽市洛南新区で発掘された墓葬2座から出土の唐安国相王孺人唐氏と崔氏の墓誌2点を収録する。

1038. **河南文物**　全3冊　河南省文物局編　文心出版社　2008年6月
　　　　古墓葬、古建築、石窟寺・石刻などを含む。
1039. **南陽麒麟崗漢画像石墓**　黄雅峰・陳長江編著　三秦出版社　2008年12月
　　　　1988年5月に発掘した報告書。発掘報告・建築装飾・芸術表現・図像意義・画像考釈の5章からなる。南陽漢画像石的肌理美（黄雅峰）など文章11篇を附録する。
1040. **富弼家族墓地**　洛陽市第二文物工作隊編　中州古籍出版社　2009年7月
　　　　2008年、洛陽邙山南麓史家屯村北で発掘した宋代墓葬11座出土の北宋宰相富弼夫婦及び弟夫婦、その子孫夫婦三代の墓誌、合計14方の拓本写真・釈文、関連文献を収録。
1041. **曹操墓真相：発現魏武帝陵的前前後後**　河南省文物考古研究所編著　科学出版社　2010年5月。**曹操墓の真相**　河南省文物考古研究所編著　渡邊義浩監訳　（日本）国書刊行会　2011年9月
　　　　河南省文物考古研究所が2008年12月に発掘した曹操高陵とされる西高穴2号墓の内部や出土品を詳細に紹介する。
1042. **漢魏洛陽故城南郊礼制建築遺址 1962～1992年考古発掘報告**　（中国田野考古報告集　考古学専刊丁種第80号）中国社会科学院考古研究所編著　文物出版社　2010年7月
　　　　[1]霊台遺址、[2]明堂遺址、[3]辟雍遺址、[4]太学遺址からなり、辟雍碑拓本漢魏石経研究目録を附録。
1043. **永城黄土山与賛城漢墓**　河南省文物考古研究所［等］編　大象出版社　2010年8月
1044. **南陽明墓**　南陽市文物考古研究所編　大象出版社　2010年10月
1045. **新郷老道井墓地**　（南水北調中線工程文物保護項目　河南省考古発掘報告 4）　河南省文物局編著　科学出版社　2011年10月
1046. **南陽牛王廟漢墓考古発掘報告**　南陽市文物考古研究所編　郝玉建主編　文物出版社　2011年12月
1047. **考古河南：河南省文物考古所獲全国十大考古新発現**　河南省文物考古研究所編著　大象出版社　2012年5月
　　　　1990年以来の考古発掘成果集。安陽西固岸東魏北斉墓地、新鄭胡庄東周墓地、安陽西高穴曹操高陵などを含む。
1048. **安陽韓琦家族墓地**　（南水北調中線工程文物保護項目　河南省考古発掘報告 7）　河南省文物局編著　科学出版社　2012年7月
　　　　北宋の宰相韓琦と妻、その子孫の墓誌、合計8方の拓本写真と釈文を収録。
1049. **南陽漢代画像石墓発掘報告集**　（南陽漢代画像石文献彙編）　石紅艶・王清建主編　中州古籍出版社（刊行予告）

⑪　湖北省

1050. **秭帰陶家坡**　（長江三峡工程文物保護項目報告　乙種第18号）　国務院三峡工程建設委員会辦公室・国家文物局編著　科学出版社　2010年12月
　　　　2004～2007年に行われた漢代～明清時期墓葬の発掘報告。
1051. **三峡湖北段沿江石刻**　（長江三峡工程文物保護項目報告　丙種第2号）　国務院三峡工程建設委員会辦公室・国家文物局編著　王鳳竹主編　科学出版社　2010年12月
　　　　歴史水文題刻・整治航路題刻・咏嘆三峡風光題刻・記事碑刻などの部分に分け、三峡ダム湖北段の西陵峡や巫峡地区の摩崖石刻68ヶ所と碑刻53点の実物・拓本

の写真、録文を収録する。

⑫　広東省

1052. **南越宮苑遺址：1995・1997年考古発掘報告**　全2冊　（西漢南越国宮署遺址考古発掘報告1）　南越王宮博物館籌建処・広州市文物考古研究所編著　文物出版社　2008年8月

　　　　南越国陶文・封泥と石刻文字を収録する。

⑬　重慶市・四川省

1053. **華鎣安丙墓**　四川省文物考古研究院・広安市文物管理所[等]編著　文物出版社　2008年1月

　　　　四川省華鎣市出土、南宋の安丙家族墓地の発掘報告。安丙墓誌拓本写真・釈文を収録する。

1054. **中江塔梁子崖墓**　四川省文物考古研究院・徳陽市文物考古研究院[等]編著　文物出版社　2008年1月

1055. **綿陽龕窟：四川綿陽古代造像調査研究報告集**　（四川石窟寺大系叢書）　高大倫・王錫鑑主編 于春・王婷著　文物出版社　2010年9月

1056. **長江三峡工程淹没及遷建区文物古跡保護企画報告**　全3巻・4冊　黄克忠・徐光翼主編　中国三峡出版社　2010年11月

　　　　重慶巻、湖北巻、綜合巻の3巻からなり、各県、各処の文物古跡保護企画報告を収載する。

1057. **四川邛崍龍興寺：2005-2006年考古発掘報告**　成都文物考古研究所・邛崍市文物管理局編著　文物出版社　2011年6月

　　　　第四章「出土遺物（一）仏教造像類」を収める。

1058. **雲陽張桓侯廟**　（長江三峡工程文物保護項目報告　丙種第5号）（重慶市文化遺産書系）　重慶文物局・重慶市移民局編著　文物出版社　2011年12月

1059. **夾江千仏岩：四川夾江千仏岩古代摩崖造像考古調査報告**　（四川石窟寺大系叢書）四川省文物考古研究院・西安美術学院・楽山市文物局・夾江県文物管理所編　高大倫・王勝利主編　于春・王婷著　文物出版社　2012年8月

⑭　貴州省・雲南省

1060. **鶴慶象眠山墓地**　（雲南省文物考古研究所田野考古報告第9号）　雲南省文物考古研究所・大理白族自治州文物管理所[等]編著　文物出版社　2009年1月

　　　　《鶴慶碑刻輯録》を附録する。

1061. **水族墓群調査研究発掘報告**　貴州省文物考古研究所編著　科学出版社　2012年8月

　　　　関注水族　貴州的民族考古探索　張合栄　中国文物報2012年10月26日

1062. **雲南元陽六蓬墓地発掘報告**　文物出版社　2012年11月

⑮　陝西省

1063. **隋仁寿宮・唐九成宮：考古発掘報告**　（中国田野考古報告集　考古学専刊丁種第79号）　中国社会科学院考古研究所編著　科学出版社　2008年1月

　　　　1978～1994年の考古調査報告。九成宮醴泉銘碑・万年宮銘碑の拓本写真・釈文、磚・瓦当の写真・拓本写真などを収める。

1064. **五代李茂貞夫婦墓**　宝鶏市考古研究所編著　科学出版社　2008年6月

唐末五代の秦王(岐王)李茂貞夫婦の墓誌の拓本写真を収め、墓誌考釈を附録する他、磚雕・經幢・石造像などの写真を含む。

1065. **清代墓室石刻芸術**（陝西省考古研究院文物精品図録叢書）　陝西省考古研究院編著　三秦出版社　2008 年 9 月
  陝西大茘八魚村李氏家族墓出土の石刻芸術を絵画（山水・花鳥・博古）・書法・その他に分けて紹介する。

1066. **米脂官荘画像石墓**　楡林市文物保護研究所・楡林市文物考古勘探工作隊編著　文物出版社　2009 年 12 月
  2005 年に発掘された画像石墓 3 基に関する資料を収録し、1971-2005 年に米脂県博物館が収蔵した画像石資料を附録する。

1067. **古都遺珍：長安城出土的北周仏教造像**　中国社会科学院考古研究所編著　文物出版社　2010 年 7 月

1068. **留住文明：陝西十一五期間基本建設考古重要発現（2006－2010）**　陝西省文物局・陝西省考古研究院編　三秦出版社　2011 年 5 月

1069. **唐嗣虢王李邕墓発掘報告**（陝西省考古研究院田野考古報告第 64 号）　陝西省考古研究院編著　科学出版社　2012 年 8 月
  2003 ～ 2004 年、陝西省富平県の唐高祖李淵の献陵陪葬墓区内で発掘。李淵の第 15 子李鳳の嫡孫李邕の墓誌(開元 15 年 12 月 29 日葬)とその妃扶余氏の墓誌(開元 26 年 11 月 29 日葬)の拓本写真、釈文、考察を収める。

⑯　甘粛省・寧夏回族自治区

1070. **呉忠北郊北魏唐墓**（寧夏文物考古研究所叢刊11）　寧夏文物考古研究所・呉忠市文物保管所編著　文物出版社　2009 年 1 月

1071. **固原南塬漢唐墓地**（寧夏文物考古研究所叢刊12）　寧夏文物考古研究所編著　文物出版社　2009 年 1 月

1072. **北周田弘墓**（寧夏文物考古研究所叢刊 13　原州聯合考古隊発掘調査報告之 2）　原州聯合考古隊編　文物出版社　2009 年 8 月

1073. **塩池馮記圏明墓**（寧夏文物考古研究所叢刊 17）　寧夏文物考古研究所・中国絲綢博物館・塩池県博物館編著　科学出版社　2010 年 11 月
  「明楊釧墓誌考略」を附録する

1074. **麦積山石窟環境与保護調査報告書**　麦積山石窟芸術研究所・日本築波大学世界遺産専攻合編　文物出版社　2011 年 8 月

1075. **固原九龍山漢唐墓葬**（寧夏文物考古叢刊）　寧夏文物考古研究所編　科学出版社　2012 年 8 月

⑰　その他

1076. **蒙古国古代遊牧民族文化遺存考古調査報告(2005-2006年)**　中国内蒙古自治区文物考古研究所等編　文物出版社　2008 年 9 月
  モンゴル国境内の歴代文化遺物、岩画・赫列克蘇爾（祭祀性遺物）・鹿石・四方墓・城跡・碑刻・廟宇などの多くの種類を紹介する。

1077. **ビチェースⅡ：モンゴル国現存遺跡・突厥碑文調査報告**＝ CV:БИЧЭЭС II: 2006 оноос 2008 оны Монгол улс дахь Тургийн бичээс ба эртний дурсгалыг судлах экспедицийн илтгэл ＝ RM: BICHĖĖS Ⅱ : 2006 onoos 2008 ony Mongol uls dakh´ Turgiin bich ėės ba ėrtnii dursgalyg sudlakh ėkspedit s̄ iin iltgėl ＝ OH: BICHEES Ⅱ : report of researches on historical sites and Turkic inscriptions in Mongolia from 2006 to 2008　大澤孝・鈴木宏節・R.ムンフトルガ（Mónkhtulga,R）著　（蒙）日本・モンゴル共同調査プロジェクト「ビチェースⅡ」2009年12月

附録1　第三次全国文物普査関係図書

（「第三次全国文物普査」は、2007年4月～2011年12月に実施された。）

① 全国

1078. 第三次全国文物普査工作手冊　国家文物局編　文物出版社　2007年9月

1079. 2008年第三次全国文物普査重要新発現　国家文物局主編　科学出版社　2009年3月
　　　全国で調査登録された新発見160,928ヵ所の移動不可の文物から精選した147件の重要発見を［1］古遺址、［2］古墓葬、［3］古建築、［4］石窟寺及石刻(11件)、［5］近現代重要史迹及代表性建築、［6］其他、の6項目に分け、カラー写真に簡介文を附して収める。

1080. 三普人手記：第三次全国文物普査徴文選集　国家文物局第三次全国文物普査辦公室・中国文物報社編　文物出版社　2009年9月

1081. 2009年第三次全国文物普査重要新発現　国家文物局主編　科学出版社　2010年3月
　　　全国で新発見の約50万ヵ所の移動不可の文物から精選した重要発見165件を6項目に分け〈［4］石窟寺及石刻(15件)〉、カラー写真に簡介文を附す。

1082. 踏尋遺珍：第三次全国文物普査実地文物調査階段突出貢献個人手記彙編　中国文物報社編　文物出版社　2010年12月

1083. 第三次全国文物普査百大新発現 ＝ 100 new discoveries of the third nationwide surveys of cultural heritage　国家文物局編　文物出版社　2011年11月

② 北京市・河北省

1084. 東城印迹：第三次全国文物普査　北京市東城区文化委員会編著　学苑出版社　2010年6月

1085. 邯鄲市第三次全国文物普査成果彙編　全4冊　邯鄲市文物局編・印　2010年6月

1086. 寧河県第三次全国文物普査工作報告　寧河県第三次全国文物普査領導小組辦公室編　2011年

③ 山西省

1087. 厚重山西：山西省第三次全国文物普査重要新発現選編　山西省文物局編著　科学出版社　2010年6月

1088. 追尋見証：山西省第三次全国文物普査隊員随筆　山西省第三次全国文物普査領導小組辦公室編　科学出版社　2010年6月

1089. 沁水県第三次全国文物普査実地調査登録資料：不可移動文物名録　沁水県旅游文物局編・印?　2010年9月

1090. 発現晋城：第三次全国文物普査　晋城市旅游文物局編・印　2010年

1091. 呂梁市不可移動文物名録　12冊　賀興国主編　呂梁市第三次全国文物普査領導小

　　　　　組辦公室　2011 年 9 月～2011 年 11 月
　　　　　　方山巻、臨県巻、嵐県巻、汾阳巻、柳林巻、中陽巻、興県巻、交口巻、汾陽巻、
　　　　　　離石巻、交城巻、孝義巻
1092. **太原三普新発現集萃**　（山西省第三次全国文物普査叢書）　李鋼主編　太原市文物局
　　　 編著　三晋出版社　2011 年 10 月
1093. **大同文物集萃**　（山西省第三次全国文物普査叢書）　劉建勇主編　大同市文物局編著
　　　 三晋出版社　2011 年 10 月
1094. **晋中遺韻**　（山西省第三次全国文物普査叢書）　安振禄主編　晋中市文物局編著　三
　　　 晋出版社　2011 年 10 月
1095. **忻州文物薈萃**　全 2 冊　（山西省第三次全国文物普査叢書）　忻州市文物局編著　三
　　　 晋出版社　2011 年 10 月
1096. **忻州古塔**　（山西省第三次全国文物普査叢書）　忻州市文物局編著　任青田主編　三
　　　 晋出版社　2011 年 10 月
1097. **運城民居**　（山西省第三次全国文物普査叢書）　鍾龍剛主編　三晋出版社　2011 年
　　　 10 月
1098. **河東旌表建築**　（山西省第三次全国文物普査叢書）　李百勤主編　三晋出版社　2011
　　　 年 10 月
1099. **第三次全国文物普査清徐新発現**　車建華・張強主編　中共清徐県委・清徐県人民政
　　　 府　2011 年
1100. **臨汾文物集萃**　全 2 冊　（山西省第三次全国文物普査叢書）　常引根主編　狄跟飛・
　　　 張聚林編著　臨汾市文物局編著　三晋出版社　2012 年 2 月
1101. **楡次文物集粋**　（山西省第三次全国文物普査叢書）　闌震主編　山西経済出版社
　　　 2012 年 5 月
④　黒龍江省
1102. **黒龍江省第三次全国文物普査重要発現**　魏笑雨・李陳奇・蓋立新主編　黒龍江教育
　　　 出版社　2012 年
1103. **龍江三普印記**　（黒龍江省第三次全国文物普査系列成果集）　魏笑雨・張偉主編　黒
　　　 龍江教育出版社　2012 年
1104. **三江平原区域簡史**　（黒龍江省第三次全国文物普査系列成果集）　高波・王海燕・李
　　　 雪主編　黒龍江教育出版社　2012 年
1105. **黒龍江省中東鉄路沿線歴史建築図録**　（黒龍江省第三次全国文物普査系列成果集）
　　　 王珍珍・蓋立新・魏笑雨主編　黒龍江教育出版社　2012 年
1106. **黒龍江省第三次全国文物普査会議文集**　（黒龍江省第三次全国文物普査系列成果集）
　　　 王珍珍・魏笑雨主編　黒龍江教育出版社　2012 年
1107. **黒龍江省第三次全国文物普査工作報告**　（黒龍江省第三次全国文物普査系列成果集）
　　　 王珍珍・魏笑雨・蓋立新主編　黒龍江省第三次全国文物普査領導小組辦公室編　黒
　　　 龍江教育出版社　2012 年
1108. **明代海西東水陸城站調査**　（黒龍江省第三次全国文物普査系列成果集）　王海燕・張
　　　 亜平・李雪主編　黒龍江教育出版社　2012 年
1109. **伊春市第三次全国文物普査成果薈萃**　（黒龍江省第三次全国文物普査系列成果集）

　　　　応敏・万大勇・郝懐東主編　黒龍江教育出版社　2012 年
⑤　内蒙古自治区・遼寧省
1110. **内蒙古自治区第三次全国文物普査新発現**　張文平主編　内蒙古自治区第三次全国文物普査領導小組辦公室編　文物出版社　2011 年 1 月

1111. **鞍山市第三次全国文物普査不可移動文物精粋**　（鞍山歴史文化叢書）劉耀庭主編　東北大学出版社　2011 年 7 月

1112. **内蒙古自治区第 3 次全国文物普査紀念冊**　内蒙古自治区第三次全国文物普査領導小組辦公室編　内蒙古大学出版社　2012 年 3 月

⑥　上海市・江蘇省
1113. **上海市第三次全国文物普査階段性成果図冊**　上海市全国文物普査領導小組辦公室編・印　2008 年

1114. **無錫闔閭城遺址復査勘探報告**　無錫市第三次全国文物普査辦公室編・印　2008 年

1115. **都市印記：静安区第三次全国文物普査図集**　上海市静安区第三次全国文物普査領導小組辦公室編　静安区文史館製作　2009 年

1116. **常州市第三次全国文物普査成果集（一）**　編者不詳　南京大学出版社　2009 年

1117. **江蘇省第三次全国文物普査新発現**　江蘇省文物局編　江蘇美術出版社　2009 年 12 月

1118. **第三次全国文物普査南京重要新発現**　南京市文物局・南京市政協文史（学習）委員会・中国民主同盟南京市委員会・南京民国建築研究院編　楊新華主編　南京出版社　2009 年 12 月

1119. **塩城市第三次全国文物普査成果彙編**　塩城市文化局（文物局）編・印　2010 年 1 月

1120. **淮安市第三次全国文物普査新発現**　淮安市文物局編　南京大学出版社　2010 年 11 月

1121. **如東県第三次全国文物普査：不可移動文物登記資料彙編**　如東県文化広電新聞出版局編・印　2010 年

1122. **普陀風華：普陀区第三次全国文物普査図集**　上海市普陀区第三次全国文物普査領導小組辦公室編・印　2010 年

1123. **金壇慰安所遺址資料彙編：2009 年第三次全国文物普査江蘇十大新発現之一**　范学貴編著　出版者不詳　2010 年

1124. **揚州市第三次全国文物普査新発現**　揚州市文物局編　広陵書社　2011 年 1 月
　　　　普査で登記された 2366 ヵ所の文物から 197 件の代表的なものを[1]古遺址、[2]古墓葬、[3]古建築、[4]近現代重要史迹及代表性建築、[5]石刻及其他（13 件）、の 5 項目に分け、カラー写真に簡介文を付して収める。

1125. **水郷遺韻：上海市青浦区第三次全国文物普査図録**　上海市青浦区文化広播影視管理局・上海市青浦区第三次全国文物普査辦公室編　上海社会科学院出版社　2011 年 2 月

1126. **上海市長寧区第三次全国文物普査成果図集**　上海市長寧区第三次全国文物普査領導小組辦公室編・印　2011 年 10 月

1127. **鎮江市第三次全国文物普査重要新発現**　鎮江市文化広電新聞出版局編　江蘇大学出版社　2011 年 11 月

調査登録された移動不可文物1427ヵ所から重要発見100件を[1]古遺址、[2]古墓葬、[3]古建築、[4]石窟寺及石刻(8件)、[5]近現代重要史迹及代表性建築の5項目に分け、カラー写真に簡介文を附して収める。

1128. 蘇州市呉中区第三次全国文物普査新発現資料彙編　蘇州市呉中区文化体育局・蘇州市呉中区文物局編・印　2011年12月

1129. 丹阳市第三次全国文物普查新発現　編輯委員会編・印　2011年12月

1130. 呉江市新発現文物選編：第三次全国文物普査　呉江市文化広電新聞出版局編　古呉軒出版社　2011年12月？

1131. 歳月記憶・名城瑰宝：蘇州市第三次全国文物普査新発現選編　蘇州市文物局編著　文物出版社　2012年8月

　　　因為有了歴史　徐蘇君　中国文物報2012年12月14日

⑦　浙江省

1132. 2008年度浙江省第三次全国文物普査資料彙編　浙江省第三次全国文物普査領導小組辦公室編・印　2009年5月？

1133. 鎮海文物大観：寧波市鎮海区第三次全国文物普査成果　全1函6冊　鎮海区文物管理委員会編　寧波出版社　2009年9月
　　　荘市巻、九龍湖巻、招宝山巻、駱駝巻、蛟川巻、澥浦巻、からなる。

1134. 富春遺韻：富陽市第三次全国文物普査成果図集　富陽市第三次全国文物普査辦公室編・印？　2009年10月

1135. 泗洲造紙遺址　富陽市第三次全国文物普査辦公室編・印　2009年10月

1136. 杭州市第三次全国文物普査：不可移動文物彙総表　杭州市第三次全国文物普査工作隊編・印　2009年11月

1137. 杭州中山路歴史遺跡彙編：杭州市第三次全国文物普査　編者不詳　2009年11月

1138. 杭州主城区文化教育建築及附属物彙編：杭州市第三次全国文物普査　編者不詳　2009年11月

1139. 西湖区名人(烈士)墓葬普査成果彙編：杭州市第三次全国文物普査　編者不詳　2009年11月

1140. 桐廬文物　桐廬県第三次全国文物普査領導小組編　編者不詳　2009年11月

1141. 古韻流芳：蒼南県第三次全国文物普査成果選編一　蒼南県文化広播新聞出版社編・印　2009年？

1142. 月湖遺珍　寧波市海曙区第三次全国文物普査辦公室編・印　2009年

1143. 寧波市海曙区第三次全国文物普査組：普査日記　李文国・林之寅編　寧波市海曙区第三次全国文物普査組　2009年

1144. 浙江省青田県第三次全国文物普査：不可移動文物登記表選編　青田県第三次全国文物普査辦公室編・印　2009年12月

1145. 嘉興市第三次全国文物普査重要新発現　嘉興市文化局・嘉興市文物局編　浙江撮影出版社　2010年3月

1146. 茗雪流吟：湖州市第三次全国文物普査重要新発現　湖州市第三次全国文物普査領導小組辦公室編　西泠印社出版社　2010年6月

1147. 尋覓歴史的印痕：寧波市第三次全国文物普査徴文選集　陳佳強主編　寧波出版社

2010年6月

1148. 馬渚古韻：余姚記憶最后的歴史文化遺産　余姚市馬渚鎮人民政府編　余姚市第三次全国文物普査領導小組辦公室　2010年

1149. 天姥古韻：新昌県第三次全国文物普査成果選編　新昌県文物管理委員会編　俞南興主編　方志出版社　2010年12月

1150. 上虞記憶：上虞市第三次全国文物普査成果選編　上虞市文物管理所編　西泠印社出版社　2011年1月

1151. 麗水市第三次全国文物普査成果専題叢書　全6冊　陳建敏主編　麗水市文化広電新聞出版局編　浙江古籍出版社　2011年6月、
　　　　土木清華、河濱遺範、津梁擷粹、處州銀冶、栝蒼石語、山哈遺韻、からなる。

1152. 塵光遺文：平陽県第三次全国文物普査成果精粋　浙江平陽県第三次全国文物普査領導小組辦公室編　西泠印社出版社　2011年9月

1153. 勝迹垂輝：海寧市第三次全国文物普査成果薈萃　朱紅剛主編　海寧市文化広電新聞出版局編　浙江人民出版社　2011年10月

1154. 常緑古韻：富陽歴史文化遺産：富陽市第三次全国文物普査成果　富陽市第三次全国文物普査辦公室・常緑鎮人民政府編、印?　2011年11月?

1155. 薪火傳承：嘉善県第三次全国文物普査成果　倪学慶主編　嘉善県文化広電新聞出版局編　中国摂影出版社　2011年

1156. 歴史的見証：奉化市第三次全国文物普査成果精編　全2冊　奉化市文化広電新聞出版局・奉化市文物保護管理所編・印　2011年

1157. 桐廬新石器時代文化初探：桐廬県第三次全国文物普査成果　趙志楠[等]主編　西泠印社出版社　2011年

1158. 商城古韻：義烏市第三次全国文物普査成果選粹　義烏市文化広電新聞出版局編　西泠印社出版社　2011年12月

1159. 杭州市蕭山区第三次全国文物普査工作報告　杭州市蕭山区第三次全国文物普査領導小組　2011年12月

1160. 遺珍：甌海区第三次全国文物普査成果選粹　甌海区文化広電新聞出版局・甌海区文博館編　西泠印社出版社　2011年12月

1161. 建徳古韻：建徳市第三次全国文物普査成果之一　建徳市第三次全国文物普査辦公室編　西泠印社出版社　2012年1月

1162. 浙江省第三次全国文物普査叢編　全4冊　（浙江省第三次全国文物普査叢書）　浙江省文物局主編　浙江古籍出版社　2012年3月
　　　　[1]普査概覧、[2]普査文集、[3]普査事迹、[4]普査日記、からなる。

1163. 建古窯址：建徳市第三次全国文物普査成果之二　建徳市第三次全国文物普査辦公億室編　西泠印社出版社　2012年4月

1164. 甌域尋踪：温州市鹿城区第三次全国文物普査成果選編　李震主編　温州市文物保護考古所・鹿城区文化広電新聞出版局編　浙江人民美術出版社　2012年5月

1165. 浙江省第三次全国文物普査新発現叢書　全15冊　（浙江省第三次全国文物普査叢書）　浙江省文物局主編　浙江古籍出版社　2012年5月、
　　　　古村鎮、古遺址(全2冊)、古窯址、宗教祭祀建築、宗祀、古墓葬、摩崖石刻、水

利設施、橋梁、大運河遺産（全2冊）、民居、近現代史跡、近現代建築、からなる
　　　という。

1166. **摩崖石刻**（浙江省第三次全国文物普査新発現叢書）　浙江省文物局主編　浙江古籍出版社　2012年5月

1167. **故鄣遺韻**：安吉県第三次全国文物普査成果精粋　安吉県第三次全国文物普査領導小組辦公室・安吉県博物館編　西泠印社出版社　2012年

1168. **菫風甬水**（鄞州区第三次全国文物普査叢書《歴史的回声》4）　寧波市鄞州区文物管理委員会辦公室　陳万豊絵画　謝国旗撮・文　寧波出版社　2012年10月

1169. **最后的記憶**：慈溪市第三次全国文物普査成果図集　全3冊　慈溪市文物管理委員会辦公室編　文物出版社　2012年12月

1170. **杭州摩崖石刻**　杭州市第三次全国文物普査領導小組辦公室［等］編　浙江古籍出版社　2012年12月

1171. **杭州宗教遺存**　杭州市第三次全国文物普査領導小組辦公室［等］編　浙江古籍出版社　2012年12月

1172. **杭州教育遺存**　杭州市第三次全国文物普査領導小組辦公室［等］編　浙江古籍出版社　2012年12月

1173. **千秋古韻**：北倉区第三次全国文物普査重要発現　北倉博物館編　寧波出版社　2013年（近刊予告）

⑧　安徽省

1174. **文明積淀六千年**：馬鞍山市第三次全国文物普査成果彙編　卞建秋・鄭双武主編　南京出版社　2011年7月

1175. **懐寧考古記**：基于『三普』調査的発現与研究　金曉春主編　懐寧県文物管理所・安徽省第三次全国文物普査辦公室編著　文物出版社　2011年8月
　　　第五節　碑刻与墓志　一　碑刻　二　墓志　三　近現代墓葬的時代変化特点　（一）墓葬演変　（二）墓碑碑文格式演変　（三）墓葬反映的社会思潮変化

⑨　福建省・江西省

1176. **江西省第三次全国文物普査重要新発現**　江西省第三次全国文物普査領導小組辦公室編・印　2010年7月

1177. **行走奉新**：江西省奉新県第三次全国文物普査成果図集　李志丹主編　江西省奉新県文化局編・印　2010年？

1178. **福建省第三次全国文物普査工作報告**　福建省第三次全国文物普査領導小組辦公室編・印　2011年11月

⑩　山東省

1179. **済寧新発現**：山東省済寧市第三次全国文物普査　済寧市文物局編　上海人民美術出版社　2010年2月

1180. **濱州市第三次全国文物普査資料彙編**　濱州市文物管理処編　斉魯書社　2010年5月

1181. **淄博市第三次全国文物普査資料彙編**　淄博市文物局編・印　2011年7月

1182. **今古和声**：青島市第三次全国文物普査新発現輯録　青島市文物局編　鄭安新主編　文物出版社　2011年12月

1183. 棗庄市第三次全国文物普査重大新発現　棗庄市第三次全国文物普査辦公室編　周伝臣主編　山東文化音像出版社　2012年5月
1184. 山東省煙台市第三次全国文物普査成果彙編　全2冊　煙台市第三次全国文物普査工作領導小組辦公室・煙台市博物館編　高愛東主編　黄海数字出版社　2012年

⑪　河南省

1185. 洛陽市第三次全国文物普査新発現　洛陽市文物管理局編著　郭引強主編　文物出版社　2009年10月［有］
　　　　普査で登記された新発見の移動不可文物3320ヵ所から代表的なもの188件を［1］遺址(30)、［2］墓葬(10)、［3］古建築(76)、［4］石窟寺及石刻(11)、［5］近現代重要史迹及代表性建築(59)、［6］其他遺迹(2件)、の6項目に分け、カラー写真に簡介文を附して収める。
1186. 鄭州市第三次全国文物普査重要新発現　閻鉄成主編　中州古籍出版社　2011年9月
1187. 追尋遠去的文明：鄭州市第三次全国文物普査工作側記　閻鉄成主編　中州古籍出版社　2011年11月
1188. 河南省第三次全国文物普査300項重要新発現　河南省第三次全国文物普査領導小組辦公室・河南省文物局編　海燕出版社　2011年12月

⑫　湖北省

1189. 黄石新発現：第三次全国文物普査　官東平主編　長江出版社　2011年
1190. 十堰古遺址古墓葬：十堰市第三次全国文物普査成果集萃　郭崇喜・龔徳亮主編　長江出版社　2011年12月

⑬　湖南省

1191. 2008年度湖南第三次全国文物普査重要新発現　湖南省文物局主編・印　2009年6月
1192. 長沙市第三次全国文物普査工作報告　長沙市第三次全国文物普査工作報告編委会編・印　2012年6月

⑭　広東省・海南省

1193. 2008年広東省第三次全国文物普査新発現　広東省第三次全国文物普査辦公室編・印　2008年
1194. 肇慶文物新発現　肇慶市第三次全国文物普査辦公室編　肇慶市西江図片社・西江画報社　2010年12月
1195. 広東省第三次全国文物普査百大新発現　広東省文物局・広東省第三次全国文物普査辦公室・広東省文物保護基金会編・印?　2011年
1196. 仏山市第三次全国文物普査新発現選編　仏山市第三次全国文物普査領導小組辦公室編・印　2011年5月
1197. 海南省第三次全国文物普査工作報告　海南省第三次全国文物普査領導小組辦公室編・印　2011年8月

⑮　重慶市・四川省

1198. 成都市《第三次全国文物普査不可移動文物登記表》著録標準及規範　成都市第三次全国文物普査領導小組辦公室編・印　2009年6月

1199. 旺蒼県第三次全国文物普査図集　旺蒼県文物局編・印　2010 年 2 月
1200. 成都市第三次全国文物普査重要新発現　成都市文物局編　四川美術出版社　2011 年 1 月
1201. 重慶市第三次全国文物普査重要新発現　重慶市文物局編　重慶出版社　2011 年 8 月
1202. 涼山歴史碑刻注評　（四川省涼山彝族自治州第三次全国文物普査成果叢書）　劉弘・唐亮主編　涼山彝族自治州博物館・涼山彝族自治州文物管理所編著　文物出版社　2011 年 8 月
1203. 峨眉山市不可移動文物名録　峨眉山市第三次全国文物普査領導小組辦公室編・印　2011 年 8 月
1204. 青羊史迹：成都市青羊区第三次全国文物普査実録　成都市青羊区第三次全国文物普査辦公室・成都市青羊区広播電視和旅游局・成都市青羊区文物管理所編　中国文史出版社　2011 年 9 月
1205. 石柱文物図志　全 3 冊　（重慶市文化遺産書系叢書）　湯平主編　湯平[等]摂影　石柱土家族自治県第三次全国文物普査領導小組・石柱土家族自治県人民政府編　重慶大学出版社　2012 年
1206. 四川省第三次全国文物普査重要新発現　四川省第三次全国文物普査領導小組辦公室編著　四川文芸出版社　2012 年 6 月
1207. 巫溪県第三次全国文物普査成果専輯　（重慶文化遺産書系）　巫溪県第三次全国文物普査成果専輯編委会編　中国戯劇出版社　2012 年 9 月
1208. 長寿区不可移動文物名録　重慶市長寿区文化館編　重慶出版社　2013 年 1 月

⑯　貴州省

1209. 龍里文物（三普録入集）　龍里県第三次全国文物普査辦公室編・印　2009 年
1210. 歴史的見証：第三次全国文物普査：黔東南重要新発現　黔東南州文物局編　貴州民族出版社　2010 年 3 月
1211. 夜郎故地遺珍：貴州省第三次全国文物普査重要新発現　貴州省文物局編著　貴州人民出版社　2011 年 12 月
1212. 歴史的遺迹：黔南布依族苗族自治州第三次全国文物普査重要新発現　祝迎生主編　黔南布依族苗族自治州文物局編　貴州科技出版社　2012 年

⑰　雲南省

1213. 探尋文明的踪迹：楚雄州第三次全国文物普査紀実　鍾仕民主編　雲南省楚雄彝族自治州文化体育局・雲南省楚雄彝族自治州博物館・雲南省楚雄彝族自治州文物管理所編　雲南民族出版社　2011 年
1214. 雲嶺遺珍：雲南省第三次全国文物普査百大新発現　雲南省文物局主編　雲南科技出版社　2012 年 5 月
1215. 踏尋雪域遺珍：迪慶蔵族自治州第三次全国文物普査紀実　李鋼主編　雲南科技出版社　2012 年 5 月

⑱　陝西省

1216. 踏遍青山：陝西第三次全国文物普査紀実　全 2 冊　陝西省文物局編　三秦出版社　2010 年 3 月

1217. 河流与山的秘密：陝西安康"第三次全国文物普査"大紀実　王曉雲著　三秦出版社　2010年8月

1218. 探尋人類遺迹・発現歴史瑰宝：楡林市第三次全国文物普査工作紀実　楡林市第三次全国文物普査領導小組辦公室編　楡林市文化文物局　2011年1月

1219. 尋文化瑰宝　覓聖土史迹：延安市第三次全国文物普査工作紀実　延安市文物局編　延安革命紀念地管理局　2011年10月

1220. 踏遍宝鶏尋遺珍：宝鶏市第三次全国文物普査工作紀実　宝鶏市文物普査隊編著　科学出版社　2011年12月

1221. 陝西第三次全国文物普査叢書　全10巻107冊（予定）　陝西省文物局編　陝西旅游出版社　2012年6月～
　　　漢中巻：南鄭文物、漢中巻：洋県文物、漢中巻：西郷文物、商洛巻：山陽文物、延安巻：黄陵文物、楡林巻：定辺文物、（全省107県、毎県1冊。例、宝鶏巻は全12冊の予定という）

⑲　甘粛省・青海省

1222. 青海省第三次全国文物普査資料精選　青海省第三次全国文物普査領導小組辦公室編・印　2011年10月

1223. 甘粛省第三次全国文物普査重要新発現　甘粛省文物局編　三秦出版社　2011年12月

⑳　新疆維吾爾自治区

1224. 新疆維吾爾自治区第三次全国文物普査工作手冊　全2冊　新疆維吾爾自治区文物局編　新疆人民出版社　2009年4月

1225. 新疆維吾爾自治区第三次全国文物普査成果集成　全22種28冊　新疆維吾爾自治区文物局編　科学出版社　2011年11月
　　　新疆第三次全国文物普査重要新発現、新疆岩画（全2冊）、新疆草原石人和鹿石、新疆古墓葬、新疆古建築、新疆古城遺址（全2冊）、新疆生産建設兵団轄区内不可移動文物（全2冊）、新疆坎児井調査報告（全4冊）、新疆近現代重要史迹及代表性建築、烏魯木斉市巻・克拉瑪依市巻、哈密地区巻、克孜勒蘇柯爾克孜自治州巻、吐魯番地区巻、和田地区巻、喀什地区巻、阿克蘇地区巻、阿勒泰地区巻、巴音郭楞蒙古自治州巻、昌吉回族自治州巻、塔城地区巻、伊犁哈薩克自治州（直属県市）巻、博爾塔拉蒙古自治州巻、からなる。

附録2　展覧会図録・目録

1226. 仏教美術の黎明：山東省石仏展：山口県・山東省友好協定締結25周年　山口県立萩美術館・浦上記念館編集　（日本）山口県立萩美術館・浦上記念館　2008年5月

1227. 書の名宝展：北京故宮：日中平和友好条約締結三十周年記念：江戸東京博物館開館十五周年記念特別展　西林昭一編集　（日本）毎日新聞社・NHK・NHKプロモーション　2008年7月

1228. 金石永年：金石拓片精品展図録　（西泠印社105周年社慶系列叢書）　西泠印社編　上海書店出版社　2008年10月

1229. *The lost Buddhas : Chinese Buddhist sculpture from Qingzhou* ＝仏像遺珍：青

州出土仏教石刻造像　Capon, Edmund；Liu, Yang.Sydney, NSW: Art Gallery of New South Wales, 2008.

1230. 化世瑰宝：2009中台山博物館仏教文物展：仏教文物百選 = Mind-transforming treasures : a selection of 100 buddhist works of art　中台山博物館編輯　（台湾）文心文化　2009年

1231. 長安仏韻：西安碑林仏教造像芸術　西安碑林博物館編　趙力光主編　陝西師範大学出版社　2010年3月

1232. 三秦瑰宝：陝西出土周秦漢唐文物展　深圳博物館編　文物出版社　2010年9月

1233. 石墨真宝：西安碑林博物館碑拓精選　（台湾）中台山博物館　2010年11月

1234. 地湧天宝：雷峰塔及唐宋仏教遺珍特展　黎毓馨主編　浙江省博物館編　中国文化芸術出版社　2010年4月

1235. 千年雷峰塔：雷峰塔暨浙江呉越仏教遺珍特展　江西省博物館編著　上海錦綉文章出版社　2010年12月

1236. *Echoes of the past : the Buddhist cave temples of Xiangtangshan*.Katherine R.Tsiang；with contributions by Richard A.Born ...[et al.]. Chicago：Smart Museum of Art, University of Chicago；Washington, DC：Arthur M.Sackler gallery；Chicago：Distributed by the University of Chicago Press, 2010.

1237. 中国書画探訪：関西の収蔵家とその名品　曾布川寛監修　関西中国書画コレクション研究会編　（日本）二玄社　2011年1月

1238. 中国古代仏造像芸術　国家博物館編　中国社会科学出版社　2011年3月

1239. 荘厳妙相：甘粛仏教芸術展　俄軍主編　三秦出版社　2011年3月

1240. 拓本とその流転：東京国立博物館・台東区立書道博物館　鍋島稲子［等］編集　（日本）台東区芸術文化財団　2011年3月

1241. 法相荘厳：山西博物院蔵仏教造像珍品展　深圳博物館・山西博物院編　文物出版社　2011年4月

1242. 契丹風韻：内蒙古遼代文物珍品展　深圳博物館・内蒙古博物館編　文物出版社　2011年5月

1243. 草原の王朝　契丹：美しき3人のプリンセス　九州国立博物館・内蒙古博物館編　（日本）西日本新聞社　2011年9月

1244. 呉越勝覧：唐宋之間的東南楽国　黎毓馨主編　北京中国書店　2011年10月

1245. 朔地恋歌：寧夏岩画特展　寧夏博物館・浙江省博物館編纂　香港文匯出版社　2011年10月

1246. 墨林星鳳：浙江省博物館蔵碑帖菁華展　浙江省博物館編？　未詳

1247. 法相荘厳：山西仏教造像芸術精品展：江西省博物館文物展覧目録8　江西省博物館編　上海錦綉文章出版社　2012年1月

1248. 河洛文明展　洛陽博物館編　中州古籍出版社　2012年5月？

1249. 仏影留痕：咸陽博物館仏教文物陳列　王曉謀主編　咸陽博物館編　三秦出版社　2012年5月

1250. 永遠的北朝：石刻芸術珍品展　深圳博物館・汕頭市博物館　深圳博物館金石文化　2012年6月

1251. **松遼風華：走近契丹・女真人**　東北三省博物館聯盟編　文物出版社　2012年7月
1252. **大漢気象：中国漢代画像芸術展**　（重慶三峡博物館展覧系列叢書）　重慶市博物館編　柳春鳴主編　西南師範大学出版社　2012年9月
1253. **大遼遺珍：遼代文物展**　北京遼金城垣博物館編著　学苑出版社　2012年10月
1254. **西泠印社社員金石拓片題跋展図録**　西泠印社編・印　2012年
1255. **書聖 王羲之：特別展：日中国交正常化40周年：東京国立博物館140周年**　東京国立博物館［ほか］編集　毎日新聞社・NHK・NHKプロモーション　2013年1月
　　　行穣帖(部分)原跡＝王羲之筆　唐時代・7～8世紀摸(プリンストン大学付属美術館蔵 Princeton University Art Museum / Art Resource, NY)の写真を含む。

Ⅲ　概説・研究図書
A　総述・通論

2001. **二春草堂金石文集**　帰之春著　香港天馬出版社　2008 年 6 月
2002. **中華碑文化璀璨輝煌**　張魯原編著　群言出版社　2008 年 11 月
2003. **廉政碑文解読**　金其楨・麻承照著　中国方正出版社　2008 年
2004. **石刻刻工研究**　（中国典籍与文化研究叢書第 3 輯）　程章燦著　上海古籍出版社　2008 年 12 月
　　　上篇「石刻刻工研究」、下篇「《石刻考工録》補編」からなる。
2005. **中国古碑**　包泉万著　百花文芸出版社　2009 年 1 月
2006. **古刻新詮**　（文献傳承与文化認同研究叢書）　程章燦著　中華書局　2009 年 4 月
　　　「〈劉熊碑〉新考」「読〈六朝別字記新編〉札記」「〈大越国李家第四帝崇善延齢塔碑〉校考」「石刻文献与古代文学研究芻論」など 25 篇の論文を収録。
2007. **碑刻的故事**　（文物的故事）　呉克敬著　紫禁城出版社　2009 年 4 月
2008. **中国墓葬史**　張学鋒著　広陵書社　2009 年 7 月
　　　考古学与歴史学的完美結合　漆躍文　中国文物報 2010 年 5 月 28 日
2009. **碑刻法律史料考**　（中国法制史考証続編　第 3 冊）　李雪梅著　社会科学文献出版社　2009 年 8 月
2010. **洛陽古墓図説**　（洛陽文物考古書系叢書）　洛陽師範学院・洛陽市文物事業管理局・洛陽市文物工作隊編　余黎星・繆韻・余扶危編著　国家図書館出版社　2009 年 9 月
　　　洛陽の墓葬を仰韶文化時期から明代まで 21 章に分け、多くの図を交えて概括・紹介する。
2011. **譜牒・碑文・祭文賞析**　陳建平主編　蘭州大学出版社　2009 年
2012. **碑刻文献学通論**　毛遠明著　中華書局　2009 年 12 月
　　　[1]緒論、[2]碑刻的形制及分類、[3]碑刻文献的内容、[4]碑刻文献的保存、[5]碑刻文献的著録和輯集、[6]碑刻文献的研究成果、[7]碑刻文献研究的展望、からなる。
2013. **中国歴代碑誌文話**　（古籍整理与研究専刊）　于景祥・李貴銀編著　遼海出版社　2009 年 12 月
　　　上編：碑誌文の発生、碑誌文文体規範の形成、碑誌の因襲と変化、碑誌文創作領域の拡張、碑誌文創作の踏襲時期などを論述。下編：先秦～近代に至る各時代の碑誌文に関する解説を収録。
2014. **中国古銅柱銘文通論**　彭武文著　岳麓書社　2009 年 12 月
2015. **蘇士澍談中国金石文化**　（文化中国叢書）　蘇士澍著　湖南少年児童出版社　2010 年 3 月。**大師導読：中国金石文化：吉金清玩　鬼斧神工**　蘇士澍著　（台湾）龍図騰文化出版　2011 年 12 月
2016. **碑**　（中国文化知識読本）　金冬瑞編著　吉林文史出版社　2010 年 4 月
2017. **碑刻文献論集**　（西南大学文献学研究叢書）　毛遠明著　巴蜀書社　2010 年 6 月
　　　碑刻文献学、碑刻語言文字、碑刻素材に関する研究をまとめた論文 3 篇を収録する。

2018. 西泠印社"重振金石学"国際学術研討会論文集　西泠印社編　西泠印社出版社　2010年8月
2019. 石頭的心事：玉㞢読碑　王家葵著　新星出版社　2011年8月
2020. 中国古代碑誌文小史　(中華文化百科91)　李貴銀著　遼海出版社　2011年9月
2021. 石刻的歴史　(河東文化叢書.名碑巻)　李雲峰著　作家出版社　2011年
2022. 北山金石録　全2冊　(施蟄存全集第8・9巻)　施蟄存著　劉凌・劉効礼編　華東師範大学出版社　2012年6月
　　　［上］(第8巻)に『水経注碑録』(天津古籍出版社1987年初版)、劉効礼整理点校『太平寰宇記碑録』(未刊)、『蛮書碑録』、『北山集古録』(巴蜀書社1989年初版)、『金石叢話』(中華書局1991年初版)、『金石序跋』、［下］(第9巻)に馮磊配図『唐碑百選』(上海教育出版社2001年初版)を校訂して収録。
2023. 関野貞大陸調査と現在(いま)　平勢隆郎・塩沢裕仁編　(日本)東京大学東洋文化研究所　2012年8月
　　　中国調査による膨大な写真資料を残した建築学者関野貞(1867-1935)に関する論考や中国考古・石刻に関する論考など16篇を収める。

B　南北朝以前を主とする図書

2024. 石鼓文整理研究　全2冊　徐宝貴著　中華書局　2008年1月
　　　［上］研究篇、［下］資料篇からなる。
2025. 追夢中原：従嘎仙洞到龍門石窟的鮮卑人 = Reminiscence of the central plains : the Xianbei nation from Gaxian cave to Longmen grottoes（草原文化尋蹤叢書）黄雪寅著　内蒙古大学出版社　2008年1月
2026. 中国魏晋南北朝時代の石刻資料から見た女性と婚姻：墓誌銘中の家族の記録から読む閨閥構築の実態　東賢司著　平成16-19(2004-2007)年度文部科学省科学研究費補助金〈基盤研究(C)〉研究成果報告書　(日本)愛媛大学　2008年4月
2027. 洛陽東漢黄腸石題銘研究　趙振華著　国家図書館出版社　2008年7月
2028. 魏晋北朝墓葬的考古学研究　李梅田著　商務印書館商　2008年10月
2029. 三国鼎立から統一へ：史書と碑文をあわせ読む　(京大人文研漢籍セミナー 2)　京都大学人文科学研究所附属漢字情報研究センター編　(日本)研文出版　2008年10月
2030. 雲峰刻石研究　二　李靖・徐明・王錫平主編　山東省石刻芸術博物館・烟台市博物館編　黄河出版社　2008年11月
2031. 神の香り秘法の書：中国の摩崖石経　全2冊　(新典社新書22)　北島信一著　(日本)新典社　2008年11月～2009年11月
2032. 中国仏道造像碑研究：以関中地区為考察中心　(美術考古学叢書)　羅宏才著　上海大学出版社　2008年12月
2033. 北魏職官制度考　俞鹿年著　社会科学文献出版社　2008年12月
2034. *The landscape of words: stone inscriptions from early and medieval China.* Harrist, Robert E.Jr. Seattle: University of Washington Press, 2008.

(REV.) Lu, Hui-Wen(rev.); Harvard Journal of Asiatick Studies, vol.70 no.1, 2010.

2035. 魏晋南北朝史と石刻史料研究の新展開：魏晋南北朝史像の再構築に向けて 〈平成18～20(2006～2008)年度科学研究費補助金（基盤研究Ｂ）「出土史料による魏晋南北朝史像の再構築」研究成果報告書〉 伊藤敏雄編 （日本）大阪教育大学 2009年2月

2036. 漢魏洛陽故城 （20世紀中国文物考古発現与研究叢書） 段鵬琦著 文物出版社 2009年4月

2037. 北魏関中道教造像記研究：附造像碑文録 張澤珣著 澳門大学出版社 2009年4月

2038. 龍門造像記：ビジュアル・ガイド （書21 ブックレット2） 川浪惇史編 （日本）匠出版 2009年4月

2039. 石鼓文通考 易越石著 上海人民出版社 2009年5月

2040. 唐碑漢刻的文化視野 李慧・王曉勇著 人民出版社 2009年7月

2041. 東漢石刻磚陶等民俗性文字資料詞彙研究 （博士文庫11） 呂志峰著 上海人民出版社 2009年8月

2042. 魏晋北朝墓葬的考古学研究 （北京師範大学史学文庫） 李梅田著 商務印書館 2009年8月

2043. 北朝墓誌文研究 林登順著 （台湾）麗文文化事業 2009年8月

2044. 洛陽漢魏陵墓研究論文集 洛陽市第二文物工作隊編 文物出版社 2009年10月

2045. 朱希祖六朝歴史考古論集 朱希祖著 楊暁春編 南京大学出版社 2009年10月

2046. 瘞鶴銘国際学術研討会論文集 丁超主編 鎮江焦山碑刻博物館編 江蘇大学出版社 2009年12月

2047. 話説石鼓文 劉佳著 山東友誼出版社 2010年1月

2048. 墓前墓后説曹操 《墓前墓后説曹操》編写組編 東方出版社 2010年2月

2049. 千古之謎曹操高陵 于茂世著 大象出版社 2010年4月

2050. 曹操墓風雲録 張体義著 大象出版社 2010年4月

2051. 顛覆曹操墓 張国安著 東方出版社 2010年6月

2052. 唐前碑誌文研究 （遼海博士文庫） 李貴銀著 遼海出版社 2010年6月

2053. 漢碑文学研究 （長安文化与中国文学研究） 何如月著 商務印書館 2010年8月

2054. 曹操墓事件全記録 賀雲翺主編 山東画報出版社 2010年8月？

2055. 民族匯聚与文明互動：北朝社会的考古学観察 （中国中古社会和政治研究叢書） 張慶捷著 商務印書館 2010年9月
　　北魏文成帝《皇帝南巡碑》、北朝唐代的胡南俑・胡商図、北魏宋紹祖墓出土磚銘題記、入華粟特人石葬具図像、隋虞弘墓志などについて論文26篇を収める。

2056. 曹操高陵：中国秦漢史研究会・中国魏晋南北朝史学会会長聯席会 李憑編 浙江文芸出版社 2010年10月

2057. 漢代石刻研究：首届済寧漢代石刻国際研討会論文集 済寧任城漢文化研究中心編 中国書画出版社 2010年

2058. 曹操高陵考古発現与研究 河南省文物考古研究所編 文物出版社 2010年11月
　　2010年10月までに『考古』『文博』『中原文物』『東南文化』『文史雑誌』『中国文

物報』『中国社会科学報』等の学術誌に掲載された曹操の墓として脚光を浴びた河南省安陽の「高陵」に関する論考53篇を収録。

2059. 魏晋南北朝唐宋考古文稿輯叢　宿白著　文物出版社　2011年1月
2060. 曹操高陵の発見とその意義　愛媛大学東アジア古代鉄文化研究センター編　（日本）汲古書院　2011年3月
2061. 六朝墓葬的考古学研究　（国家哲学社会科学成果文庫）　韋正著　北京大学出版社　2011年3月
2062. 石鼓文詮釈　官波舟著　三秦出版社　2011年6月
2063. 石鼓文識読初探　銭秉康[等]著　西泠印社出版社　2011年8月
2064. "黄腸題湊"葬制的考古発現与研究　北京市大葆台西漢墓博物館編　北京燕山出版社　2011年9月?
2065. 秦会稽刻石考論　平水新城建管委編　西泠印社出版社　2011年11月
2066. 会我雲峰　（紀念雲峰刻石1500周年莱州文史資料雲峰刻石専輯）　莱州市政協文教和文史委辦公室編　黄海数字出版社　2011年
2067. 詛楚文考略　王美盛著　斉魯書社　2011年12月
2068. 義慈恵石柱　王振林編著　河北大学出版社　2011年12月
2069. 漢魏洛陽故城研究札記　桑永夫著　中州古籍出版社　2012年1月
2070. 文史叢考　（張政烺文集）　張政烺著　中華書局　2012年4月
2071. 古代銘刻論叢　葉其峰著　文物出版社　2012年10月
2072. 漢代諸侯王墓研究　（南開史学青年文庫）　劉尊志著　社会科学文献出版社　2012年12月

附録1　陶磚銘文・瓦当関係図書

2073. 瓦当収蔵知識30講　（我愛収蔵）　邵磊・沈利華著　栄宝斎出版社　2008年8月
2074. 燕下都瓦当文化考論　呉磬軍著　河北大学出版社　2008年9月
　　　聚瓦磬之鳴以恢弘文化：読呉磬軍《燕下都瓦当文化考論》新書　穆強　中国文物報2009年1月21日
　　　扣燕瓦之声、播燕文化之韻：読呉磬軍《燕下都瓦当文化考論》　劉徳彪　社会科学論壇2009-11A
2075. 秦磚漢瓦　（中国文化知識読本）　于元著　吉林文史出版社　2010年1月
2076. 椽檐遺珍：中国古代瓦当鑑賞　（中国民間文玩珍賞叢書）　郭兵編著　山西人民出版社　2010年6月
2077. 禹王城瓦当：東周秦漢時期晋西南瓦研究　張童心・黄永久編著　上海古籍出版社　2010年12月
2078. 古代造瓦史：東アジアと日本　山崎信二著　雄山閣出版　2011年6月
2079. 河南早期刻画符号研究　袁広闊・馬保春・宋国定編著　科学出版社　2012年6月
　　　追踪中国早期刻画符号与文字関係：《河南早期刻画符号研究》　楊育彬　中国文物報2012年10月9日

附録2　画像石磚関係図書

2080. 宿州文物　《宿州文物》編写組編　文物出版社　2008 年 1 月
　　　　宿州出土漢代画像石の解説と写真を収録する。
2081. 魯南漢画像石研究　李錦山著　知識産権出版社　2008 年 4 月
2082. 彩絵漢画像磚　劉克忠著　中共中央党校出版社　2008 年 6 月
2083. 南陽漢画像与生態民俗　（学苑文叢）　劉克著　学苑出版社　2008 年 6 月
2084. 日中美術考古学研究　山本忠尚著　（日本）吉川弘文館　2008 年 10 月
　　　　［Ⅰ］漢代の画像石、［Ⅱ］北朝～唐代の石製葬具、［Ⅲ］紋様研究からなる。
2085. 四川画像磚芸術　範小平著　巴蜀書社　2008 年 12 月
2086. 画像石鑑賞：古典芸術解読：漢画像石研究　（漢画研究系列叢書）　張道一著　重慶大学出版社　2009 年 1 月
2087. 漢画像的社会学研究　（漢文化研究叢書　漢代画像系列）　鄭先興著　河南大学出版社　2009 年 2 月
2088. 漢画神霊図像考述　（漢文化研究叢書　漢代画像系列）　牛天偉・金愛秀著　河南大学出版社　2009 年 2 月
2089. 西王母文化研究集成：考古報告巻　全 2 冊　李瑩主編　広西師範大学出版社　2009 年 3 月
　　　　西王母に関する画像石磚の発掘簡報など文章 65 篇を収録。
2090. 海寧漢画像石墓研究　（附 CD-ROM）　黄雅峰著　浙江大学出版社　2009 年 4 月
2091. 中国百神図文志：原始神宗教神和民間神五千年総攬　汪小洋主編　東方出版中心　2009 年 6 月
2092. 呉頤人漢簡題漢画　呉頤人著　上海人民出版社　2009 年 7 月
2093. 画像石芸術：磚石精神　（中華伝統芸術教育系列叢書）　劉宗超著　西南師範大学出版社　2009 年 8 月
2094. 漢画像石中的体育活動研究　劉朴著　人民出版社　2009 年 10 月
2095. 浙江漢画芸術　（浙江文化研究工程成果文庫）　黄雅峰［等］著　中国社会科学出版社　2009 年 10 月
2096. 漢画拓本精品題跋　劉煒東著　河南美術出版社　2010 年 1 月
2097. 漢墓絵画宗教思想研究　（中国本土宗教美術研究叢書）　汪小洋主編　上海大学出版社　2010 年 5 月
2098. 中国墓室絵画研究　（中国本土宗教美術研究叢書）　汪小洋主編　上海大学出版社　2010 年 5 月
2099. 図絵天地：漢画芸術的表現性　黄雅峰著　西泠印社出版社　2010 年 5 月
2100. 漢画像石与中医文化　楊金萍著　人民衛生出版社　2010 年 7 月
2101. 漢画像石造型芸術　楊絮飛著　河南大学出版社　2010 年 7 月
2102. 漢画像磚造型芸術　李国新著　河南大学出版社　2010 年 7 月
2103. 剔図刻像：漢代画像石的雕刻工芸与成像方式　鄭立君著　重慶大学出版社　2010 年 8 月
2104. 六朝画像磚研究　姚義斌著　江蘇大学出版社　2010 年 11 月
2105a. 漢画像石　王洪震著　新世界出版社　2011 年 1 月
2105b. *Chinese stone carvings : treasures from the Han dynasty 2000 years ago.*

Wang, Hongzhen. Beijing：New World Press, 2011.

2106. 画為心声：画像石・画像磚与壁画　（秦漢史論著系列叢書）　邢義田著　中華書局　2011 年 1 月

2107. 漢代画像磚石墓葬的建築学研究　張卓遠著　中州古籍出版社　2011 年 3 月

2108. もうひとつの敦煌：鎮墓瓶と画像磚の世界　（新大人文選書 7）　關尾史郎著　（日本）高志書院　2011 年 3 月

2109. 徐州漢墓与漢代社会研究　（考古学与中原文化研究叢書 3）　劉尊志著　科学出版社　2011 年 6 月

2110. 漢墓壁画宗教思想研究　汪小洋著　上海古籍出版社　2011 年 6 月

2111. 図像与神話：日・月神話之研究　劉惠萍著　台湾文津出版社　2011 年 7 月

2112. 漢画像舞蹈図像的表達　（北京舞蹈学院研究生教材）　劉建・田麗萍・沈陽・田培培著　民族出版社　2011 年 8 月

2113. 漢画像之美：漢画像与中国伝統審美観念研究　朱存明著　商務印書館　2011 年 9 月

2114. 中国漢画学会第十三届年会論文集　中国漢画学会・河南博物院編　中州古籍出版社　2011 年 10 月

2115. 漢画像石画像磚芸術研究　黄雅峰著　中国社会科学出版社　2011 年 12 月

2116. 四川画像石棺芸術　范小平著　巴蜀書社　2011 年 12 月

2117. 漢代往事：漢画像石上的史詩　（画説漢朝叢書）　王洪震著　百花文芸出版社　2012 年 1 月

2118. 中国漢代墓葬装飾の地域的研究　菅野恵美著　（日本）勉誠出版　2012 年 2 月

2119. 南陽漢画館　凌皆兵・王清建・牛天偉著　河南省南陽市博物館　2012 年 3 月

2120. 高台魏晋墓与河西歴史文化研究　中共高台県委・高台県人民政府[等]編　甘粛教育出版社　2012 年 4 月

　　　 2010 年 8 月開催「高台魏晋墓与河西歴史文化国際学術研討会」の学会論文を収録。

2121. 漢代車馬形像研究：以御礼為中心　練春海著　広西師範大学出版社　2012 年 5 月

　　　 漢代画像の車馬の形像をもとに、漢代御礼の発展を考察。

2122. 漢画像磚発掘報告　（漢画文献集成　第 2 巻）　黄雅峰主編　浙江大学出版社　2012 年 7 月

　　　『文物参考資料』『考古通訊』『文物』『考古』『考古学報』『中原文物』『華夏考古』『四川文物』『考古与文物』『文博』『江漢考古』『社会科学研究』『人民日報』『中国文物報』などから、1955 〜 2005 年に発表された漢画像磚の発掘報告・簡報 75 篇を収録。

2123. 漢代孝子図与孝道観念　（漢画像石与漢代民間喪葬系列研究 1）　黄宛峰著　中華書局　2012 年 8 月

2124. 漢画図像与芸術史学研究　黄雅峰著　中国社会科学出版社　2012 年 10 月

2125. 中西伝統図像芸術的形式比較：以武梁祠与図拉真記功柱為例　陳暁瑩[等]著　吉林美術出版社　2012 年 11 月？

附録3　岩画関係図書

2126. **中国岩画芸術**　（北方文明講壇）　馮軍勝・班瀾著　內蒙古人民出版社　2008年3月
2127. **人面岩画之謎**　宋耀良著　上海文芸出版社　2008年4月
2128. **克孜爾岩画研究**　（絲路仏光叢書）　史曉明・王建林著　新疆美術撮影出版社　2008年5月
2129. **鏨刻在石頭上的歷史：寧夏岩画**　（寧夏歷史文化地理叢書）　鄭彦卿・陳朝輝著　寧夏人民出版社　2008年9月
2130. **解読岩画与文明探源：聚焦大麦地**　周興華著　寧夏人民出版社　2008年12月
2131. **東方古星象岩画研究**　高偉著　南京出版社　2009年1月
　　　東夷文明研究的最新力作：読《東方古星象岩画研究》　古峰　中国文物報2009年9月4日
2132. **作為区域文化資源的滄源岩画研究**　（博士文庫）　范琛著　世界図書出版公司　2009年6月
2133. **賀蘭山岩画精品解読**　李成栄主編　銀川市賀蘭山岩画管理処　2009年8月
2134. **絲綢之路岩画研究**　（絲綢之路研究叢書）　蓋山林・蓋志浩著　新疆人民出版社　2009年9月
2135. **中国岩画**　（中国文化知識読本）　孫凌晨編著　吉林文史出版社　2010年1月
2136. **遠古的呼喚：寧夏岩画研究歴程**　喬華・楊恵玲著　寧夏人民出版社　2010年1月
2137. **世界岩画Ⅰ：亜非巻**　陳兆復・邢璉著　文物出版社　2010年1月
　　　中国を含むアジア・アフリカ各地の岩画を紹介する。
2138. **和力民納西学論集**　（納西学叢書）　和力民著　民族出版社　2010年3月
　　　金沙江岩画に関する研究を含む。
2139. **史前華族文字解読挙例**　高原著　寧夏人民出版社　2010年4月
2140. **中国岩画・貴州**（中国読本）　王良范・羅曉明著　中国国際広播出版社　2010年6月
2141. **追尋沙漠里的風：巴丹吉林岩画研究**　楊超・范栄南著　九州出版社　2010年
2142. **具茨山岩画探秘**　劉五一編著　劉宏民著　中州古籍出版社　2010年8月
2143. **具茨山岩画猜想**　（具茨山岩画文化）　劉五一編著　靳録著　中州古籍出版社　2010年8月
2144. **岩画与史前文明：2010'岩画与史前文明国際学術研討会論文集**　楊超・劉五一主編　九州出版社　2010年8月
2145. **原始体育形態岩画**　崔鳳翔・崔星著　人民体育出版社　2010年9月
2146. **喀喇昆侖公路沿線人類文明遺迹** = Human records on Karakorum Highway.　[巴基斯坦] 艾哈默徳=哈桑=達尼著　趙俏訳　中国国際広播出版社　2011年3月
　　　カラコルム公路沿線で発見された各種文字の岩刻銘文と岩画資料を含む。
2147. **岩画研究 2007-2011**　寧夏岩画研究中心編　楊玉経主編　寧夏人民出版社　2011年12月
2148. **北方岩画与草原文化建構**　班瀾・馮軍勝著　內蒙古教育出版社　2012年4月
2149. **発現岩画**　李祥石著　寧夏人民出版社　2012年5月
2150. **解読岩画**　李祥石著　寧夏人民出版社　2012年5月
2151. **寧夏岩画**　（塞上江南神奇寧夏叢書）　張哲編著　寧夏人民出版社　2012年5月
2152. **陰山岩画研究**　王暁琨・張文静著　中国社会科学出版社　2012年6月

2153. 賀蘭山岩画研究 （賀吉徳先生文史研究叢書）　賀吉徳著　丁玉芳整理　寧夏人民出版社　2012 年 6 月
2154. 賀蘭山岩画百題 （賀吉徳先生文史研究叢書）　賀吉徳著　丁玉芳整理　陽光出版社　2012 年 8 月
2155. 大麦地岩画：夏朝档案　高嵩著　陽光出版社　2012 年 8 月
2156. 岩画上的風俗：岩画雑識　胡邦鋳著　新疆人民出版社　2012 年 10 月
2157. 羊書：一種象形表意石頭文　王毓紅著　商務印書館　2012 年 12 月

附録 4　高句麗広開土王（好太王）碑関係図書

2158. 広開土王碑墨本の研究　武田幸男著　（日本）吉川弘文館　2009 年 4 月
　　　　多数存在する広開土王碑墨本（原石拓本・墨水廓填本・石灰拓本など）の研究書。
2159. 高句麗好太王碑　耿鉄華主編　吉林大学出版社　2012 年 1 月
　　　　1981 年から 2010 年末までに発表された好太王碑に関する論文 105 篇から、43 篇を収録。
2160. 広開土王碑의再照明：広開土王1600주기 국제학술회의 （広開土王碑の再照明：広開土王 1600 周忌国際学術会議）　（韓）東北亜歴史財団　2012 年
2161. 朝鮮古代史料研究　濱田耕策著　（日本）吉川弘文館　2012 年 12 月
　　　　高句麗広開土王陵碑文・百済七支刀銘文・新羅鐘銘などを解読する。

C　隋唐五代を主とする図書

2162. 唐葉法善家族三碑考：葉有道碑・葉慧明碑・葉尊師碑 （松陽文史資料第 15 輯）　政協浙江省松陽県文史資料委員会編　李丹・王陳亮主編　西泠印社出版社　2008 年 1 月
　　　　唐代道士の葉法善とその祖父有道・父慧明の碑刻の研究。釈文・訳注・拓影を収める。
2163. 滅罪与度亡：仏頂尊勝陀羅尼経幢之研究　劉淑芬著　上海古籍出版社　2008 年 9 月
2164. 摩尼教与古代西域史研究 （西域歴史語言研究叢書）　馬小鶴著　中国人民大学出版社　2008 年 10 月
2165. 唐代墓誌詞彙研究 （華東師大新世紀基金叢書）　姚美玲著　華東師範大学出版社　2008 年 10 月
2166. 紀念西安碑林九百二十周年華誕国際学術研討会論文集　西安碑林博物館編　文物出版社　2008 年 10 月
　　　　2007 年 10 月に行われた紀念研討会の発表論文 49 篇を収録する。北朝・隋唐に関するもので過半を占める。
2167. 唐代的母子関係 （史学叢書系列）　廖宜方著　（台湾）稲郷出版公司　2009 年 1 月
2168. 景教遺珍：洛陽新出唐代景教経幢研究　葛承雍主編　文物出版社　2009 年 5 月
　　　　1976 年頃、洛陽で出土した唐代景教経幢についての研究論文 10 篇を収める。
　　　　中古景教史迹研究添奇葩：《景教遺珍：洛陽新出唐代景教経幢研究》推介　曾玲玲　中国文物報 2009 年 8 月 21 日

2169. 景教与《景教碑》　路遠著　西安出版社　2009 年 5 月
　　　楽為景碑新伝：景教与《景教碑》評介　殷小平　考古与文物 2010-4
2170. 無字碑　陳璞平著　青島出版社　2009 年 6 月．
2171. シネウス碑文訳注　森安孝夫・鈴木宏節・斎藤茂雄・田村健・白玉冬訳注　『内陸アジア言語の研究』第 24 号　（日本）中央ユーラシア学研究会　2009 年 6 月
2172. 洛陽与絲綢之路　張乃翥・張成渝著　国家図書館出版社　2009 年 8 月
2173. 大唐帝王与皇陵文化　孫海潮・王徳恒著　京華出版社　2009 年 8 月
2174. 琅琊山唐代摩崖石刻：報刊評介集　王甫主編　出版社不詳　2009 年 11 月
2175. 鄂爾渾碑銘　［ウイグル文］（土耳其）特肯著　艾爾肯阿＝熱孜、阿布都拜斯爾＝許庫爾訳　民族出版社　2009 年
2176. 洛陽古代銘刻文献研究　趙振華著　三秦出版社　2009 年 12 月
　　　墓碑誌・銘刻に関する論文、[1]墓誌碑刻研究：綜合論述篇に 6 篇、[2]同：漢魏晋北魏篇に 9 篇、[3]唐代墓誌研究：官吏平民篇に 27 篇、[4]同：民族異域篇に 9 篇、[5]唐代墓誌経幢研究：宗教階級篇に 5 篇、[6]五代宋金元碑誌研究篇に 14 篇、[7]其他銘刻文献研究篇に 8 篇、[8]銘刻鑑賞辨偽篇に 5 篇、合計 83 篇を収録し、墓碑誌・銘刻の拓本写真 170 余件を附す。
　　　新刊紹介：趙振華著『洛陽古代銘刻文献研究』　江川式部　東アジア石刻研究第 3 号　（日本）明治大学東アジア石刻文物研究所　2011 年 3 月
　　　趙振華著『洛陽古代銘刻文献研究』所載墓誌等主要石刻資料目録　氣賀澤保規　東アジア石刻研究第 3 号　（日本）明治大学東アジア石刻文物研究所　2011 年 3 月
2177. 乾陵与無字碑　（中国文化知識読本）　蘇義発編著　吉林文史出版社　2010 年 1 月？
2178. 中古華化祆教考述　（考古新視野叢書）　張小貴著　文物出版社　2010 年 3 月
　　　ゾロアスター教神の崇拝と唐宋のゾロアスター教神の変異、ゾロアスター教の葬俗と北朝隋唐における遺跡などを論述。図版 40 幅。
2179. 唐鴻臚井碑　韓樹英・羅哲文主編　人民出版社　2010 年 4 月
　　　日露戦後に日本に移送、保管されている鴻臚井碑に関する論文 35 篇を収める。
2180. 唐碑誌研究一：女子身份与生活部份　（古代歴史文化研究輯刊四編第 16 冊）　周咨著　（台湾）花木蘭文化出版社　2010 年 9 月
2181. 唐代女性的生前与卒後：囲繞墓誌資料展開的若干探討　（武漢大学中国中古史研究書系叢書）　万軍傑著　天津古籍出版社　2010 年 10 月
2182. 碑林語石：西安碑林蔵石研究　路遠著　三秦出版社　2010 年 12 月
　　　碑林蔵石の研究論文 38 篇を収録。
2183. 我為景教碑在中国的歴険　（徐家彙蔵書楼漢学訳叢・近代西北史地輯）［丹］何楽模 (Holm, Frits) 著　史紅帥訳　上海科技文献出版社　2011 年 3 月　(My Nestorian Adventure In China.1923. の中国語訳)
　　　デンマークの探検家ホルムが 1907-1908 年に西安を訪れ景教碑を模刻した過程とそれに続く活動を記述。
2184. 洛陽学国際シンポジウム報告論文集　東アジアにおける洛陽の位置　（明治大学東洋史資料叢刊 8）　氣賀澤保規編　（日本）汲古書院　2011 年 3 月

2010 年 11 月に明治大学で開催された『洛陽学国際シンポジウム』の報告論文など 18 篇を収録する。

2185. 唐代入道女性世界中的性別意識与情欲 （台湾碩士博士歴史学術文庫） 李曉培著 山西教育出版社 2011 年 6 月

2186. 隋唐墓誌蓋題銘芸術研究 （書法研究博士文庫 第 2 輯） 劉天琪著 南方出版社 2011 年 11 月

2187. 円仁と石刻の史料学：法王寺釈迦舎利蔵誌 鈴木靖民編 （日本）高志書院 2011 年 11 月

河南省登封市の法王寺で発見の入唐日本僧円仁が刻したとされる碑誌に関する論考 12 篇などを収稟する。

2188. "中古碑誌与社会文化"研究専号 唐研究 第 17 巻 栄新江主編 北京大学出版社 2011 年 11 月

北朝・隋唐の碑誌に関する論考 22 篇を収める。

2189. 漢唐歴史与出土文献 （故宮博物院学術文庫） 王素著 故宮出版社 2011 年 12 月

2190. *spu rgyal bod kyi rdo brkos yi ge phyogs bsgrigs kyi ma yig dag bsher dang devi tshig vgrel dwngs sang gangs chu* = 吐蕃碑文与摩崖石刻考証 （蔵文） pa tshab pa sangs dbang vdus = 巴桑旺堆著 西蔵人民出版社 2011 年 12 月

2191. 白居易碑誌文研究 （古典文学研究輯刊四編;26） 林巧玲著 （台湾）花木蘭文化出版社 2012 年 3 月

2192. 金石与唐代暦日 王化昆著 国家図書館出版社 2012 年 5 月

唐一代の暦日を、大量の墓誌を主とする金石史料や文献史料によって、各年月ごとに検討する。

2193. 唐代高麗百済移民研究：以西安洛陽出土墓誌為中心 拝根興著 中国社会科学出版社 2012 年 6 月

巻首に 29 点の拓本写真、巻末に高麗・百済移民墓誌彙集（高麗21点、百済11点の録文）を附録する。

2194. 朝陽隋唐墓葬発現与研究 遼寧省文物考古研究所・日本奈良文化財研究所編著 科学出版社 2012 年 6 月

上篇に近年朝陽市で発掘された唐代墓葬の簡報 10 篇、下篇に関係論文 12 篇を収録。

2195. 王堯蔵学文集 第2巻：吐蕃金石録・蔵文碑刻考釈 （現代中国蔵学文庫・学術専著） 王堯著 中国蔵学出版社 2012 年 6 月

2196. 出土文献与唐代詩学研究 全 2 冊 胡可先著 中華書局 2012 年 7 月

主として新出の墓誌を利用した論考を、[1]出土文献与唐詩生成的政治環境、[2]出土文献与詩人族系、[3]新出土唐代詩人碑誌綜論、[4]新出土唐代詩人墓誌笺証、[5]唐代詩人新証(上)：分類研究、[6]唐代詩人新証(下)：個案研究、[7]墓誌新輯唐代挽歌考論、[8]石刻資料与唐詩文献考訂、[9]長沙窯新出土唐詩考論、の 9 章にわけ、巻末に「唐詩石本考証」を附録する。

2197. 唐代河北藩鎮研究 （燕趙文化研究叢書） 馮金忠著 科学出版社 2012 年 9 月

大量の碑誌刻を利用し、巻末に李宝臣碑、渤海高公歴代記、王士真墓誌、恒岳禅師碑の考釈を附す。

2198. 唐代銘文概論 張応傑著 中国書籍出版社 2012 年 12 月？

D 宋以後を主とする図書
① 広域

2199. 明清墓葬　周莎著　百花文芸出版社　2008年8月

2200. 十字蓮花：中国元代叙利亜文景教碑銘文献研究 = The Cross-lotus: A study on Nestorian inscriptions and documents from Yuan dynasty in China　牛汝極著　上海古籍出版社　2008年11月

2201. La croix-lotus : inscriptions et manuscrits nestoriens en écriture Syriaque decouverts en Chine (XⅢ E-XⅣ E siècles) = 十字蓮花：中国出土叙利亜文景教碑銘文献研究(公元13-14世紀)　(華夏英才基金学術文庫)　Par Niu Ruji= 牛汝極著　上海古籍出版社　2010年6月
　　　シリア文(ウイグル文・ラテン文・パスパ文を含む)景教徒石刻の発見と銘文研究の状況を叙述。

2202. 碑陵的震撼：介紹東北的碑陵　田志和著　吉林人民出版社　2009年

2203. 西北道教史　樊光春著　商務印書館　2010年3月
　　　西北道教碑(金)石目録、西北道教研究文献総目(1962-2007)などを附録。

2204. 永恒的懐念：中国土地上的蘇聯紅軍碑塔陵園　田志和著　大連出版社　2010年8月

2205. 宋代金石学研究　(出土思想文物与文献研究叢書 39)　葉国良著　(台湾)台湾書房　2011年1月
　　　[1]緒論、[2]宋代金石学者与著述、[3]宋人之金学、[4]宋人之石学、[5]宋代金石学与当時学術之関係、[6]結論、からなる。「宋代金文著録発現時地収蔵表」「宋代金石学年表」を附す。
　　　書評：葉国良『宋代金石学研究』　土屋昌明　(日本)(専修大学社会知性開発研究センター)東アジア世界史研究センター年報6　2012年3月

2206. 人神之契：宋代買地券研究　(雲南民族大学学術文庫)　高朋著　中国社会科学出版社　2011年5月

2207. 羅爾綱全集　第16巻：金石類・文史雑考　羅爾綱著　社会科学文献出版社　2011年8月
　　　《金石萃編》校補、太平天国金石録などを収録

2208. 碑と地方志のアーカイブズを探る　(東アジア海域叢書第6巻)　須江隆編　(日本)汲古書院　2012年3月
　　　[1]石刻・地方志の史料的特質、[2]石刻・地方志研究の可能性、[3]比較史的視点からの提言、の3部からなり、論文12篇を収める。

2209. 蔵文碑文研究 = bod yig rdo ring zhib vjug (蔵文)　恰嘎・旦正= chab vgag rta mgrin著　西蔵人民出版社　2012年

② 北京市・天津市

2210. 畿東泰岱：丫髻山　(平谷文化叢書)　北京市平谷区文化委員会編　北京燕山出版社　2008年6月

2211. 金石記憶：碑刻銘文里的老北京　(北京旧聞故影書系叢書 24)　王煒・袁碧栄編著

　　　　学苑出版社　2008 年 9 月
　　　　　　　首都図書館館蔵の碑刻を通して、その背後にある老北京の廟宇・衙署・会館・人
　　　　　　物に関する故事を紹介。
2212. 図説人民英雄紀念碑　樹軍著　人民解放軍出版社　2009 年 1 月
2213. 北京古墻　梁欣立著　国家図書館出版社　2009 年 5 月
2214. 図説人民英雄紀念碑　樹軍編　人民解放軍出版社　2009 年 6 月
2215. 数字碑刻民俗志　（数字民俗文化遺産叢書）　鞠熙著　北京師範大学出版社　2009
　　　年 8 月
　　　　　　［1］碑刻民俗志的概念与性質、［2］北京内城寺廟碑刻記載的民俗文化、［3］北京内城
　　　　　　寺廟碑刻民俗的个案研究、［4］北京内城寺廟碑刻民俗数拠的処理、からなる。
2216. 潭柘寺碑記　張雲濤著　中国文史出版社　2010 年 1 月
　　　　　　京西門頭溝区の潭柘寺と関連碑文 80 余篇に記載する歴史事件を史書・古籍を交え
　　　　　　て考証。碑文の原文に標点注釈を附し、翻訳文を掲載
2217. 北京地区基督教史迹研究　呉夢麟・熊鷹著　文物出版社　2010 年 9 月
2218. 明長陵　（明文化叢書）　十三陵特区明代帝陵研究会編　胡漢生著　北京燕山出版社
　　　2010 年 12 月
2219. 見証親密：紀北京承徳両市帯蔵文的石碑和蔵式建築　舒乙著　民族出版社　2011 年
　　　8 月
2220. 定陵発掘現場指揮：方白玉　陳仲華著　学苑出版社　2012 年 1 月
2221. 北京仏寺遺迹考：遺迹篇　全 3 冊　（北京仏教文献集成）　彭興林著　伝印主編　宗
　　　　教文化出版社　2012 年 10 月

③　河北省

2222. 宣化遼墓：墓葬芸術与遼代社会　（考古新視野叢書）　李清泉著　文物出版社　2008
　　　年 3 月
　　　　　　　現代学術与中国芸術史：評李清泉《宣化遼墓：墓葬芸術与遼代社会》　王玉冬　美
　　　　　　術研究 2010-1
2223. 清孝陵大碑楼　郭万祥［等］編　中国建築工業出版社　2008 年 9 月
2224. 北宋臨城王氏家族墓誌　謝飛・張志忠・楊超著　河北省文物研究所・臨城県文物保
　　　管所編　文物出版社　2009 年 11 月
　　　　　　臨城県出土の王氏家族の墓誌 9 点の拓本写真・釈文、関連研究を収める。
2225. 紀曉嵐家族人物 紀曉嵐高祖詩浅注 紀曉嵐文化金石萃編　（紀曉嵐文化叢書）　張楚
　　　喬主編　周林華編著　現代教育出版社　2010 年 9 月
2226. 滄州考古録　全 2 冊　王敏之編　光明日報出版社　2011 年 10 月？
2227. 邯鄲芸術公園碑刻介紹　于文竹・申曙光　邯鄲芸術公園　2012 年

④　山西省

2228. 晋祠文物叢譚　（晋祠博物館歴史文化研究叢書）　常文林［等］編　北岳文芸出版社
　　　2009 年 5 月
2229. 忻州考古研究：三晋文化研究　郭俊卿著？　中国社会出版社　2009 年 12 月
2230. 高平開化寺　趙魁元・常四龍主編　中国文聯出版社　2010 年 1 月
2231. 南風飛揚：歴史文化視野下的河東塩池与池神廟　薛衛栄著　北岳文芸出版社　2010

— 69 —

　　　　　　年6月
　　　　　　　　　後半に塩池に関係する歴代の碑誌文など84件の釈文を附録する。
2232. 太原碑林二十年　王忠主編　山西人民出版社　2010年9月

⑤　内蒙古自治区・遼寧省・吉林省

2233. 阿爾寨石窟回鶻蒙古文榜題研究　（蒙文）（中国蒙古学文庫）　哈斯額爾敦=丹森 [等]著　納=巴図吉日嘎拉[等]訳　遼寧民族出版社　1997年6月。（漢文）　同　2010年12月
　　　　　　内蒙古自治区オルドス市オトク旗のアルジャイ石窟第32号石窟内にある、明代初期のウイグル文字モンゴル語榜題55幅を考察釈読する。
2234. 大遼公主：陳国公主墓発現紀実　（草原文化尋蹤叢書）　孫建華・楊星宇著　内蒙古大学出版社　2008年1月
2235. 愛新覚羅烏拉熙春女真契丹学研究　愛新覚羅烏拉熙春著　（日本）松香堂書店　2009年2月
　　　　　　女真人龍興の地、金上京会寧府を訪れ女真文字石碑を調査・解読する。
2236. 穆克登碑問題研究：清代中朝図們江界務考証　陳慧著　中央編訳出版社　2011年1月
2237. 瀋陽昭陵史話　（世界文化遺産瀋陽昭陵歴史叢書）　李鳳民著　東北大学出版社　2011年8月
2238. 遼寧地区媽祖文化調査研究：以東港市孤山鎮為例　白振声主編　河北大学出版社　2011年11月
2239. 元代追封薊国公張応瑞墓碑研究　（米）柯立甫著　遠方出版社　2012年12月
　　　　　　The Sino-Mongolian inscription of 1335 in memory of Chang Ying-jui. Cleaves. Francis Woodman.［Cambridge］Harvard-Yenching Institute, 1950.の翻訳か？

⑥　黒龍江省

2240. 中世の北東アジアとアイヌ：奴児干永寧寺碑文とアイヌの北方世界　菊池俊彦・中村和之編　（日本）高志書院　2008年3月
2241. ヌルガン永寧寺遺跡と碑文：15世紀の北東アジアとアイヌ民族　A.R.アルテーミエフ著　菊池俊彦・中村和之監修　垣内あと訳　（日本）北海道大学出版会　2008年4月
2242. 明代東北疆域研究　（吉林省社会科学院学術研究叢書）　楊暘主編　吉林人民出版社　2008年9月
　　　　　　楊暘主編『明代東北疆域研究』と近年の奴児干永寧寺碑文の研究　中村和之　満族史研究10　（日本）満族史研究会　2011年12月
2243. 明代の女真人：『女真訳語』から『永寧寺記碑』へ　愛新覚羅烏拉熙春　（日本）京都大学学術出版会　2009年11月

⑦　江蘇省

2244. 南京城墻志　楊国慶・王志高著　鳳凰出版社　2008年1月
2245. 明孝陵：石刻巻　（世界遺産文化叢書）　王韋編著　東南大学出版社　2008年3月
2246. 南京城墻史話　（文化南京叢書）　朱明・楊国慶主編　李海編著　南京出版社　2008年7月

2247. **南唐二陵史話** （文化南京叢書第5輯）　周維林[等]著　南京出版社　2009年6月
2248. **映現呉越：虎丘塔文物**　銭玉成著　古呉軒出版社　2010年5月？
2249. **江寧出土歴代墓誌考釈(一)**　周維林・許長生主編　南京出版社　2011年6月
　　　　南京地区出土の墓誌(六朝7、南唐3、宋4、明28、清3)に関する論考35篇を収録する。
　　　　簡釈《江寧出土歴代墓誌考釈》　賀雲翺　中国文物報2011年9月30日

⑧ 浙江省・安徽省

2250. **處州摩崖石刻研究**　徐文平著　（浙江文化研究工程成果文庫）　浙江人民出版社　2010年9月
2251. **天柱山摩崖石刻**　徐霽旻著　中国文化出版社　2010年5月
2252. **新昌董村水晶鉱摩崖題記保護工程報告**　葛川・張韻・俞南興主編　中国文化遺産研究院・浙江省古典建築工程監理有限公司・新昌県文物管理委員会編著　文物出版社　2010年12月
2253. **天台山仏教史**　（中国名山文化叢書・天台山系列）　朱封鰲著　宗教文化出版社　2012年10月
　　　　巻末に「碑銘輯要」を附録する。
2254. **天台山道教史**　（中国名山文化叢書・天台山系列）　朱封鰲著　宗教文化出版社　2012年10月
　　　　巻末に「碑銘輯要」を附録する。

⑨ 福建省・江西省

2255. **閩文化与武夷山**　（武夷山世界文化遺産的監測与研究　第2輯）　劉家軍主編　厦門大学出版社　2008年1月
2256. **武夷山摩崖石刻与武夷文化研究**　朱平安著　厦門大学出版社　2008年11月
2257. **白鹿洞書院**　（中国文化知識読本）　王秀明編著　吉林文史出版社　2010年1月
2258. **厦門石刻尋芳**　（厦門文史叢書）　何丙仲著　厦門大学出版社　2012年1月

⑩ 山東省

2259. **平陽稽古録：悟源斎蔵珍**　李明煜著　山東人民出版社　2010年4月
2260. **孔府孔廟孔林**　（中国文化知識読本）　韓秀林編著　吉林文史出版社　2010年4月
2261. **曲阜古迹通覧**　孔徳平主編　文物出版社　2010年6月
2262. **済南古墓尋踪**　崔大庸　済南出版社　2010年9月
2263. **青州碑刻文化**　（文化青州大型書庫・青州文史系列5）　劉序勤編著　青島出版社　2010年10月
2264. **文脉銘読：泰山回族碑刻古籍文物攬勝**　（文潤叢書）　達悟徳・楊啓勤編著　西苑出版社　2011年9月

⑪ 河南省

2265. **韓愈故里在修武**　石振声主編　中州古籍出版社　2008年1月
2266. **滎陽文物古跡**　（滎陽文化叢書）　梁西乾・劉岐山編著　中州古籍出版社　2008年1月
2267. **富弼家族墓誌研究論文集**　洛陽市第二文物工作隊編　中州古籍出版社　2011年6月
　　　　[参考]前掲1039.富弼家族墓地　洛陽市第二文物工作隊編　中州古籍出版社　2009年

7 月
2268. **古代開封猶太人：中文文献輯要与研究**　李景文・張礼剛［等］編校　人民出版社　2011 年 11 月

⑫　湖北省・湖南省

2269. **湖南墓園文化**　（湖湘文庫）　王福鑫著　湖南人民出版社　2009 年 10 月
2270. **湖南浯溪碑林**　（中国芸術研究院中国書法院田野考察系列叢書）　中国芸術研究院・中国書法院編?　栄宝斎出版社　2010 年
2271. **湖南地方文献与摩崖石刻研究**　（群玉叢書）　李花蕾・張京華著　華東師範大学出版社　2011 年 10 月
2272. **永州石刻**　（中国芸術研究院中国書法院田野考察系列叢書）　中国芸術研究院・中国書法院編?　王鏞主編　栄宝斎出版社　2011 年 12 月

⑬　広東省・海南省

2273. **海南金石概説**　（海南歴史文化大系.文博巻）　周偉民・唐玲玲著　海南出版社・南方出版社　2008 年 4 月
2274. **海南天涯海角摩崖石刻**　（海南歴史文化大系.文博巻）　楊其元著　海南出版社・南方出版社　2008 年 4 月
2275. **海南文物記事**　全 2 冊　（海南歴史文化大系.文博巻）　沈志成・沈艶著　海南出版社・南方出版社　2008 年 4 月
2276. **連州石刻史話**　曹春生著　研究出版社　2009 年 11 月
2277. **海南現存金石銘文研究**　李長青著　中国社会出版社　2012 年 6 月
　　　歴代の碑刻銘文 84 篇を収録するという。

⑭　広西壮族自治区

2278. **追溯千年：石刻永流芳**　（八桂文化大観 溯源系列叢書 11）　曾燕娟著　広西人民出版社　2009 年 8 月
2279. **蒼烟落照靖江陵：桂林靖江王陵文化解読**　易新明・文豊義・盤福東著　広西師範大学出版社　2010 年 11 月

⑮　四川省・貴州省・雲南省

2280. **成都武侯祠**　丁浩著　文物出版社　2009 年 4 月
2281. **沃野耕耘：貴州民族文化遺産研究**　呉正光著　学苑出版社　2009 年 9 月
2282. **西川羌族特殊載体档案史料研究**　何永斌著　巴蜀書社　2009 年 11 月
　　　上編第 4 章「西川羌族碑刻造像档案史料」を含む。
2283. **峨眉山**　（中国文化知識読本）　王忠強編著　吉林文史出版社　2010 年 1 月
2284. **中国工農紅軍石刻標語時代特点和語言風格研究文集**　李仲彬主編　中共四川省委宣伝部編　中央文献出版社　2010 年 12 月
2285. **文化視野下的白族古代碑刻研究**　朱安女著　巴蜀書社　2012 年 6 月

⑯　陝西省

2286. **西西游碑林**　西安碑林博物館出品　宇宏編絵　陝西師範大学出版社　2008 年 10 月
2287. **走進紅石峡**　惠永明主編　陝西人民出版社　2009 年 3 月
2288. **鎸刻石頭：渭北一座碑林及其書法**　王維亜著　西安出版社　2010 年 1 月
2289. **西安碑林国宝**　武天合著　社会科学文献出版社　2010 年 8 月

2290. 悟対西安碑林 （長安大講堂叢書） 王維亜著 世界図書出版公司 2011年1月
2291. 従館舎天地走向大千世界：西安碑林博物館[十一五]大事回顧録 西安碑林博物館編・印 2011年11月
2292. 漢中三堰：明清時期漢中地区的堰渠水利与社会変遷 （環境与社会叢書） 魯西奇・林昌丈著 中華書局 2011年11月
 碑刻資料を多く利用するという。

⑰ 甘粛省
2293. 清水碑文研究 温小牛著 中国文史出版社 2008年5月
2294. 絲路勝迹：張掖大仏寺 秦福偉[等]編？ 甘粛文化出版社 2010年3月？
2295. 隴東古石刻芸術博物館 = *Longdong ancient stone carvings art museum*（甘粛博物館巡礼．第2輯） 甘粛省文物局編 甘粛人民美術出版社 2011年

⑱ 新疆維爾自治区
2296. 周恩来総理紀念碑誌 蘭学柱・程楽人主編 石河子総場北泉鎮史志編纂委員会編 新疆生産建設兵団出版社 2010年

⑲ 香港・澳門
2297. 香港民間神霊与廟宇探究 （香港歴史文化通識必読教材 2） 謝永昌・蕭国健著 香港道教聯合会 2010年7月
2298. 澳門土地神廟研究 （澳門叢書） 童喬慧著 広東人民出版社 2010年7月
2299. 香港国家地質公園人文散歩 丁新豹・任秀雯著 （香港）郊野公園之友会・天地図書有限公司 2010年
2300. 金石銘刻的氹仔．九澳史：清代氹仔．九澳廟宇碑刻鐘銘等集録研究 譚世宝編著 広東人民出版社 2011年4月
 [1]清代氹仔・九澳廟宇碑刻鐘銘等集録研究導論、[2]清代氹仔・九澳廟宇碑刻鐘銘綜録表、[3]清代氹仔・九澳廟宇碑刻鐘銘附照録文点校、からなる。

⑳ 台湾
2301. 生命活水：來自桃園邊陲的視野,従樂生療養院的石碑踏査開始的医学現代性議題初探 姜昌明作 （台湾）桃二区体験城市農業新美学教育工作小組 2009年
2302. 金門城歴史文献与文物調査 林美吟・唐蕙韻作 （台湾）金門県文化局 2010年6月
2303. 台湾的媽祖宮与観音寺古蹟 廖忠俊著 （台湾）允晨文化 2010年12月

（A～D）附録 石窟・造像・彫刻関係図書
① 広域
2304. 仏教美術叢考続編 金申著 華齢出版社 2010年1月
2305. 六朝時代美術の研究 （増補版） 長廣敏雄著 （日本）朋友書店 2010年3月
2306. *Folk Stone Carving* =民間石雕（英文版） 王抗生・段建華編著 外文出版社 2008年8月
2307. 東魏北斉荘厳紋様研究：以仏教石造像及墓葬壁画為中心 （考古新視野叢書） 蘇鉉淑著 文物出版社 2008年1月
2308. 中国磚雕 尚潔著 百花文芸出版社 2008年1月

2309. 天下牌坊　邱承佑著　巴蜀書社　2008年1月
2310. 中国仏教名山聖地遊　香港中国旅遊出版社編　汕頭大学出版社　2008年1月
2311. 歴代仏像真偽鑑定　（伝世芸術品鑑定叢書）　金申著　紫禁城出版社　2008年1月
2312. 中国古代仏教造像価値彙考：石仏巻　施大光主編　遼海出版社　2008年4月
2313. 形神倶妙：道教造像芸術探索　（上海城隍廟・現代視野中的道教叢書第2輯）　胡知凡著　上海辞書出版社　2008年6月
2314. 日中美術考古学研究　山本忠尚著　（日本）吉川弘文館　2008年10月
2315. 国宝春秋：雕塑篇　沈琍著　江西美術出版社　2008年11月
2316. 道教美術新論：第一届道教美術史国際研討会論文集　李凇主編　山東美術出版社　2008年11月
2317. 中国伝統磚雕　（中国伝統手工芸文化書系）　潘嘉来編著　人民美術出版社　2008年12月　32開¥1480
2318. 中国美術考古研究現状　（美術考古学叢書）　羅二虎主編　上海大学出版社　2008年12月
2319. 中国仏像真偽識別：芸術品投資市場指南　金申・賈文忠著　遼寧人民出版社　2009年1月
2320. 石雕造像鑑賞　（中国古代文玩鑑賞叢書）　章用秀著　華齢出版社　2009年5月
2321. 観音造像鑑賞　（中国古代文玩鑑賞叢書）　章用秀著　華齢出版社　2009年5月
2322. 中国石窟寺楽舞芸術　人民音楽出版社　2009年7月
2323. 漢唐仏教造像芸術史　費泳著　湖北美術出版社　2009年9月
2324. 中国仏教与考古　（宝慶講寺叢書　中国仏教学者文集　第7輯）　温玉成著　宗教文化出版社　2009年7月
2325. 　金申趣談古代仏像　金申著　紫禁城出版社　2009年11月
2326. 中国石窟造像芸術　（中国文化知識読本）　奚楚編著　吉林文史出版社　2010年1月
2327. 中国古代陵墓雕塑　第2版　（中国文化知識読本）　李明望編著　吉林文史出版社　2010年1月
2328. 石雕之郷　呉錫軍編著　吉林文史出版社　2010年
2329a. 中国雕塑　（人文中国書系叢書2）　肇文兵著　五洲伝播出版社　2010年
2329b. Chinese sculpting : history through centuries of sculpting. Zhao Wenbing ; translated by Wang Wenliang, Kang Jian, Han Huizhi & Xiao Ying. Beijing : China Intercontinental Press, Cultural China series, 2010.
2330. 牌坊　（中国文化知識読本）　宿巍編著　吉林文史出版社　2010年2月
2331. 華表牌楼　（中国伝統建築装飾芸術叢書）　韓昌凱著　中国建築工業出版社　2010年3月
　　　華表（彫刻石柱）、牌楼（装飾門）の構造と特徴、芸術的価値等を解説する。
2332. 走出石窟的北魏王朝　全2冊　（阿寅勒民族文化叢書）　金昭・阿勒得爾図主編　文化芸術出版社　2010年4月
2333. 中国道教造像研究　（中国本土宗教美術研究叢書）　汪小洋・李彧・張婷婷著　上海大学出版社　2010年5月

2334. 中国仏教美術本土化研究 （中国本土宗教美術研究叢書） 汪小洋主編 上海大学出版社 2010年5月
2335. 漢伝仏像時代与風格 黄春和著 文物出版社 2010年5月
2336. 中国仏教石窟寺遺迹：3至8世紀中国仏教考古学 （宿白未刊講稿系列叢書） 宿白著 文物出版社 2010年7月
2337. 中国文化之旅：石窟芸術 謝燕著 中国旅游出版社 2010年9月
2338. 牌坊・中国：中華牌坊文化 金其楨・崔素英著 上海大学出版社 2010年10月
2339. 仏像解説(第2版) （独）呉黎熙著 社会科学文献出版社 2010年10月
2340. 中国古代陵墓 （中国歴史文化大講堂 文博系列） 劉毅著 南開大学出版社 2010年
2341. 中国古代仏造像芸術 中国国家博物館編 中国社会科学出版社 2011年3月
2342. 中国牌坊的故事 張玉舰編著 山東画報出版社 2011年6月
2343. 中国雕塑 （中国読本） 顧森 中国国際広播出版社 2011年7月
2344. 中国古代雕塑史 孫振華著 中国青年出版社 2011年8月
2345. 玉韻：中国古代石雕刻芸術研究 張耀著? 中国文史出版社 2011年8月
2346. 中印仏教造像比較百例：従古印度到中国長江流域的仏教造像之路 張同標・胡彬彬著 湖南大学出版社 2011年8月
2347. 中印仏教造像探源 （華東師範大学美術考古叢書） 張同標著 東南大学出版社 2011年9月
2348. 伝統造像 （中央美術学院規劃教材 雕塑基礎教程） 楊靖著 河北教育出版社 2011年10月
2349. 仏教造像法 王惕著 天津人民出版社 2011年11月
2350. 中国仏寺造像技芸 （建築遺産保護系列叢書） 陳捷著 同済大学出版社 2011年11月
2351. 万舞翼翼：中国舞蹈図史 王克芬著 中華書局 2011年12月
2352. 漢伝仏教単尊造像収蔵鑑賞百科 金申主編 中国書店出版社 2011年12月
2353. 中国仏教美術発展史 阮栄春・張同標編? 東南大学出版社 2011年12月
2354. 初唐仏教美術の研究 肥田路美著 （日本）中央公論美術出版 2011年12月
　　仏教考古研究方法的思考：読肥田路美《初唐仏教美術的研究》与李淞《長安芸術与宗教文明》有感 于春 中国文物報 2013年1月4日
2355. 古代門闕概説 漢陽陵博物館編 三秦出版社 2012年2月
2356. 出土資料からみた魏晋南北朝の地域文化に関する初歩的研究 室山留美子 〈平成21(2009)～23年度(2011)科学研究費補助金（基盤研究（C）研究代表者中村圭爾「魏晋南北朝における地域意識と地域文化に関する総合的研究」〉（日本）相愛大学 2012年2月
　　研究報告「古代中国の地域文化：関中十六国墓、北魏墓と後漢・西晋の鎮墓獣を手がかりに」と研究資料「関中十六国墓データ（初稿）」を収録する。
2357. 蔵伝仏教千手千眼観音造像芸術研究 （中国少数民族芸術発展創新研究系列叢書） 徐進著 中央民族大学出版社 2012年3月
2358. 蔵伝仏教阿弥陀経与観音像研究 李翎著 甘粛民族出版社 2012年3月

2359. 中国仏教芸術中的仏衣様式研究　（国家哲学社会科学成果文庫）　費泳著　中華書局　2012年4月
2360. 唐代塑像中的西域人　（欧亜歴史文化文庫）　J.G.馬勒著　王欣訳　蘭州大学出版社　2012年6月
2361. 中国雕刻文化入門　張超主編　北京工業大学出版社　2012年6月
2362. 中国雕刻 = Chinese carving art（中国紅）　孫欣・童芸編著　黄山書社　2012年7月
2363. 道教全真派宮観・造像与祖師　景安寧著　中華書局　2012年7月
2364. 観音：菩薩中国化的演変　于君方著　商務印書館　2012年8月
2365. 北魏仏教造像史研究　（日本)石松日奈子著　筱原典生訳　文物出版社　2012年9月
　　　　石松日奈子著『北魏仏教造像史の研究』（ブリュッケ、2005年1月）の中国語訳。
2366. 勒石与勾描：唐代石椁人物線刻的絵画風格学研究　李傑著　人民美術出版社　2012年10月
2367. 唐代宗教造型芸術　（西部人文講座叢書）　岳鈺著　陝西人民出版社　2013年1月
2368. 唐宋時期南方民間仏教造像芸術　司開国著　中国社会科学出版社　2013年2月

② 河北省

2369. 曲陽石雕芸術及歴史文化研究　（河北民間芸術及歴史文化研究系列叢書）　楊文会・張彦輝・樊中紅著　河北大学出版社　2009年
2370. 北響堂石窟加固保護工程報告　趙倉群主編　河北省古代建築保護研究所編著　科学出版社　2010年1月

③ 山西省

2371. 雲岡石窟　（世界遺産叢書）　崔暁霞編写　雲岡石窟研究院編　世界図書出版公司上海分公司　2008年7月？
2372. 話説雲崗石窟　（山西歴史文化叢書第1輯）　趙一徳［等］編　山西人民出版社　2008年11月
2373. 雲崗石窟　（中国文化知識読本）　姜莉麗編著　吉林文史出版社　2010年1月？
2374. 胡商 胡騰舞与入華中亜人：解読虞弘墓　張慶捷著　北嶽文芸出版社　2010年7月
　　　　北朝の入華中央アジア人を通じて、漢唐間の黄河両岸の中西文化交流を紹介。
2375. 雲岡石窟仏教故事雕刻芸術　趙昆雨著　江蘇美術出版社　2010年8月
2376. 彩塑芸術研究：善化寺大雄宝殿　張明遠主編　人民美術出版社　2011年1月
2377. 中国石窟芸術・雲岡　張焯主編　江蘇美術出版社　2011年8月
2378. 龍門石窟雲崗石窟　（中国世界文化和自然遺産歴史文献叢書 第19冊）　王挺之・李勇先・范国強主編　上海交通大学出版社　2011年
　　　　清代～民国の関連する基本文献を影印収録。
2379. 平遙仏教文化史輯　董金宝著？　山西人民出版社　2012年4月
2380. 雲岡石窟辞典　王恒編纂　江蘇美術出版社　2012年9月
　　　　雲岡石窟的百科全書：写在《雲岡石窟辞典》出版之際　郭淵　中国文物報 2012年12月14日
2381. 雲岡石窟：流散海内外石刻造像調査与研究　劉建軍編著　外文出版社　（近刊予告）

④ 遼寧省

2382. 元帥林　郝武華編著　遼寧人民出版社　2010 年 6 月
　　　　撫順市にある張作霖陵墓の石刻造像などを紹介。
2383. 瀋陽故宮建築装飾研究　(城市規劃・建築学碩士論叢)　張勇著　東南大学出版社
　　　2010 年 9 月

⑤　江蘇省

2384. 蘇州磚雕　居晴磊編著　中国建築工業出版社　2008 年 6 月
2385. 太湖平原的環境刻画与城郷変遷　馮賢亮　上海人民出版社　2008 年 8 月
2386. 呉中石雕技芸　葉陶君主編　蘇州市呉中区呉地歴史文化研究会編　古呉軒出版社
　　　2010 年
2387. 南朝陵墓雕刻淵源与伝流研究　(六朝松芸術文庫)　章孔暢著　東南大学出版社
　　　2011 年 7 月

⑥　浙江省

2388. 寧波と宋風石造文化　(東アジア海域叢書第 10 巻)　山川均編　(日本)汲古書院
　　　2012 年 5 月

⑦　山東省

2389. 考古中的雕塑芸術　劉鳳君著　山東画報出版社　2009 年 4 月
2390. 山東白陶仏教造像　(山東地区仏教造像調査与研究之 1)　博興県博物館・山東省博
　　　物館編　文物出版社　2011 年 8 月
2391. 走進山東博物館：石刻芸術　楊波・王斌主編　肖桂田・徐波編著　青島出版社
　　　2011 年 11 月
　　　　"石上史詩：山東漢代画像石" と "東方仏韻：山東仏教造像" からなる。
2392. 泰山　(中国世界文化和自然遺産歴史文献叢書　第 23 冊)　王挺之・李勇先・范国強
　　　主編　上海交通大学出版社　2011 年
　　　　泰山に関する清代の記録 6 種を影印する。
2393. 青州龍興寺歴史与窖蔵仏教造像研究　李森著　山東大学出版社　2012 年 12 月
2394. 青州仏教文化与龍興寺仏教造像　荘明軍[等]著　中国文史出版社　2012 年 12 月

⑧　河南省

2395. 龍門石窟：(上)大盧舎那像龕与奉先寺・(下)皇甫公(1609)窟　全 2 冊　劉景龍編著
　　　外文出版社　2010 年 3 月
2396. 龍門石窟　(中国文化知識読本)　陳長文編著　吉林文史出版社　2010 年 5 月
2397. 新郷古代建築与石刻芸術　新郷市文物考古研究所　傅山泉・王政著　中州古籍出版
　　　社　2010 年 6 月
2398. 北魏洛陽石窟文化研究　賀玉萍著　河南大学出版社　2010 年 8 月
　　　　[1]石窟与石窟文化研究、[2]北魏洛陽石窟与仏典文化、[3]石窟造像研究、[4]石窟
　　　題記与北魏社会情態、[5]北魏洛陽石窟芸術、[6]北魏洛陽石窟与元魏石窟文学、[7]
　　　石窟文文体及文字特点、[8]題記匯録、の 8 章からなる。
2399. 龍門石窟保護修復工程報告　洛陽市文物局編　文物出版社　2011 年 11 月
2400. 唐代龍門石窟の研究：造形の思想的背景について　久野美樹著　(日本)中央公論美
　　　術出版　2011 年 11 月
　　　　石窟に刻まれた造像記を解読し造形思想全体の解釈を試みる。

2401. **登封黒山溝宋墓図像研究** （考古新視野叢書）　易晴著　文物出版社　2012 年 8 月

⑨ 海南省

2402. **海南古代建築研究** （海南歴史文化大系.文博巻）　閻根斎著　海南出版社・南方出版社　2008 年 4 月

⑩ 四川省

2403. **安岳石刻導覧**　安岳県文物管理局編　中国文史出版社　2008年1月
2404. **大足石窟与敦煌石窟的比較**　楊雄・胡良学・童登金著　巴蜀書社　2008 年 5 月
2405. **大足石刻史話**　陳灼著　中国戯劇出版社　2008 年 11 月
2406. **風俗的画巻：大足石刻芸術** （芸術設計人文叢書）　龍紅著　重慶大学出版社　2009 年 1 月
2407. **大足石刻保護**　王金華主編　文物出版社　2009 年 10 月
2408. **楽山大仏** （中国文化知識読本）　姜莉麗著　吉林文史出版社　2010 年 1 月
2409. **広元皇沢寺文物保護維修工程報告**　皇沢寺博物館編　羅宗勇主編　文物出版社　2010 年 4 月
　　　　上編：石窟調査と研究、下編：文物勘案と補修保護で構成。
2410. **大足石刻** （中国文化知識読本）　陳長文著　吉林文史出版社　2010 年 5 月
2411. **大足石刻：漢英対照**　重慶大足石刻芸術博物館編　重慶出版社　2010 年 10 月
2412. **巴蜀仏教石窟造像初歩研究：以川北地区為中心** （華林博士文庫）　姚崇新著　中華書局　2011 年 1 月
　　　　広元石窟を中心とする川北石窟群の総合的な年代分類研究。
2413. **巴中石窟研究** （敦煌学研究文庫）　雷玉華著　民族出版社　2011 年 3 月
2414. **南宋川南墓葬石刻芸術与計算機図象識別応用**　李雅梅著　重慶大学出版社　2011 年 6 月
2415. **南宋川南墓葬石刻芸術**　張春新著　重慶大学出版社　2011 年
2416. **神話在人間：大足石窟芸術及其文化闡釈**　肖宇窗著　中国戯劇出版社　2011 年 11 月
2417. **空山：静寂中的巴蜀仏窟**　蕭易撰文　袁蓉蓀撮影　広西師範大学出版社　2012 年 3 月
　　　　広元千仏崖・皇沢寺、旺蒼仏子崖・木門寺、広安沖相寺、邛峽龍興寺・石筍山・花置寺、丹陵石窟、楽山大仏、安岳石窟、大足石刻などを解説。
2418. **大足石刻之謎**　章創生・范時勇編著　重慶大学出版社　2012 年 9 月

⑪ 雲南省

2419. **南詔大理国観音図像学研究：雲南省南詔大理** （歴史文化伝承与発展研究基地叢書）　王明達著　雲南人民出版社　2011 年 3 月
2420. **広南文廟石雕：句町神韻**　張芳明[等]著　雲南大学出版社　2011 年 6 月

⑫ 陝西省

2421. **陝西炕頭石獅芸術研究**　朱尽暉著　中国社会科学出版社　2009 年 10 月
2422. **陝西帝王陵**　王双懐撰稿　西安出版社　2010 年 1 月
2423. **「奉為の造像」研究** （平成 18(2006)年度～平成 21(2009)年度文部科学省科学研究費補助金(基盤研究(B))研究成果報告書）　研究代表者長岡龍作　（日本)東北大学　2010 年 3 月

2424. 陝西帝陵档案　陝西省文物局・西安文物保護修復中心編　三秦出版社　2010 年 4 月
　　　　陝西省にある黄帝～唐代の帝王陵墓 50 座を、名称・位置・年代・規格・建築・副葬品・墓主事跡・保存情況・考古発掘の成果などの面から詳細に紹介。
2425. 彬県大仏寺石窟研究与保護　李忠堂主編　三秦出版社　2010 年 4 月
2426. 関中隋唐西方浄土造像図像志研究　白文著　三秦出版社　2010 年 9 月
2427. 唐貞順皇后敬陵被盗石椁回帰紀実　（紀念陝西歴史博物館新館建成二十周年系列叢書）　陝西歴史博物館編　三秦出版社　2011 年 6 月
2428. 関中地区唐代墓葬研究　程義著　文物出版社　2012 年 5 月
　　　　唐代墓葬の地上設備、地下構造、葬具と封門、随葬品、壁画、組み合わせと配列などについて論述。
2429. *Chinese Mausoleum Stone Sculptures in the Tang Dynasty* = 唐陵石刻芸術　（The Unity of Nature and　Humanity）　Yin, Hong（殷泓）and Sun,Yan（孫炎）　三秦出版社　2012 年 5 月
2430. 関中隋唐仏教芸術研究　白文著　陝西師範大学出版社　2012 年 12 月

⑬　甘粛省

2431. 炳霊寺史話　甘粛文化出版社　2008 年 1 月
2432. 天水麦積山石窟研究文集　全 2 冊　（絲綢之路石窟研究文庫）　鄭炳林・魏文斌主編　甘粛文化出版社　2008 年 2 月
　　　　天水麦積山石窟近百年研究成果的集中展現：評《天水麦積山石窟研究文集》　安毅　敦煌学輯 2008-1
2433. 須弥山石窟　（固原歴史文化叢書）　余貴孝・王琨編著　寧夏人民出版社　2008 年
2434. 水簾洞石窟群　甘粛省文物考古研究所・麦積山石窟芸術研究所・水帘洞石窟保護研究所編著　董玉祥主編　科学出版社　2009 年 3 月
2435. 敦煌石窟造像思想研究　頼鵬挙著　文物出版社　2009 年 8 月
2436. 遊歴炳霊寺　炳霊寺文物保護研究所編　甘粛人民美術出版社　2009 年 8 月？
2437. 甘粛仏教石窟考古論集　（敦煌学研究文庫）　魏文斌・呉荭著　民族出版社　2009 年 10 月
2438. 麦積山石窟研究　麦積山石窟芸術研究所編　馬世長主編　文物出版社　2010 年 3 月
2439. 麦積山石窟考古断代研究：後秦開窟新証　夏郎雲著　甘粛人民出版社　2010 年 12 月
2440. 敦煌石窟知識詞典　馬徳主編　甘粛人民美術出版社　2011 年 4 月
2441. 敦煌莫高窟北区石窟研究　全 2 冊（敦煌研究院学術文庫）　彭金章主編　甘粛教育出版社　2011 年 4 月
2442. 武山石窟造像芸術（当代中国学術文庫）　徐越著　当代中国出版社　2011 年 4 月
2443. 永靖炳霊寺石窟研究文集　全 2 冊　（絲綢之路石窟研究文庫）　鄭炳林・石勁松主編　甘粛文化出版社　2011 年 6 月
　　　　2010 年まで中国の各種刊行物に発表された炳霊寺石窟関係の研究論文 209 篇を収録。
2444. 敦煌石窟全集（考古報告）全 100 巻（予定）敦煌研究院編　文物出版社　2011 年 8 月～

　　　　　既刊　[1]莫高窟第266-275窟 考古報告　全2冊　2011年8月
2445.　楡林窟研究論文集　全2冊　敦煌研究院編　上海辞書出版社　2011年9月
2446.　敦煌石窟寺研究　寧強著　甘粛人民美術出版社　2012年2月
2447.　敦煌吐蕃統治時期石窟与蔵伝仏教芸術研究　樊錦詩主編　甘粛教育出版社　2012年9月

⑭　新疆維吾爾自治区

2448.　克孜爾石窟芸術論集　（絲路仏光叢書）　史曉明著　新疆美術撮影出版社　2008年5月
2449.　亀茲：仏教石窟美術風格与年代研究　（新疆師範大学立足新疆面向中亜研究叢書）　王徴著　中国書店　2009年10月
2450.　西城石窟芸術　[維吾爾文]　阿布都秀庫爾・穆罕默徳伊明著　新疆人民出版社　2009年
2451.　新疆古代雕塑：絲綢之路流散国宝　巫新華主編　山東美術出版社　2011年7月
2452.　庫木吐喇千仏洞保護修復工程報告　聯合国教科文組織駐華代表処・新疆維吾爾自治区文物局編　文物出版社　2011年11月
2453.　西域美術十五講　王志煒・王健・李欽曾編著　天津大学出版社　2012年5月

⑮　その他

2454.　交流と伝統の視点から見た仏教美術の研究：インドから日本まで　（平成16～19年度科学研究費補助金〈基盤研究(B)〉研究成果報告書）　研究代表者宮治昭　（京都）　2008年5月
2455.　梵天仏地　全8冊（欧亜叢書1）（伊）図斉(Tucci,Giuseppe)著　魏正中・薩爾吉主編　上海古籍出版社　2009年12月
　　　　　Tucci, Giuseppe(1894-1984), Indo-Tibetica,1936. の中国語訳。

E　題跋（叙録）・碑帖関係図書

2456.　碑帖収蔵与研究　宗鳴安著　陝西人民美術出版社　2008年1月
2457.　銭幣学与碑帖文献学　（文博大家叢書）　汪慶正著　上海人民出版社　2008年1月
2458.　楹聯碑帖　(清)呉隠縮刻　陳進編著　西泠印社出版社　2008年4月
2459.　故宮書画館　第1～9編　故宮博物院編　紫禁城出版社　2008年4月～2010年9月
2460.　碑帖　（収蔵起歩叢書）　仲威著　上海文化出版社　2008年7月
2461.　碑帖鑑別常識　修訂本　（崇善楼書系叢書）　王壮弘著　上海書店　2008年10月
2462.　帖学挙要　修訂本　（崇善楼書系叢書）　王壮弘著　上海書店　2008年10月
2463.　崇善楼筆記　（崇善楼書系叢書）　王壮弘著　上海書店　2008年10月
　　　　　歴代碑刻の流伝淵源、各時期拓本の情況について詳述したもので、1981年～1989年にかけて雑誌《書法研究》で発表された。
2464.　国家図書館章鈺蔵拓題跋集録　冀亜平輯　国家図書館出版社　2008年11月
　　　　　「章鈺蔵拓目及題跋釈文」(2114種)と「章鈺拓本題跋図版」(194幅)からなる。
2465.　国宝春秋：碑帖篇　羅宏才著　江西美術出版社　2008年11月
2466.　碑帖拓本辨偽　劉大新・海国林著　学苑出版社　2009年1月
2467.　周俊傑書法序跋集　周俊傑著　大象出版社　2009年4月

2468. 石刻と法帖　福本雅一著　（日本）芸文書院　2009年6月
　　　　「石刻概論」「『淳化閣帖』の成立」「澄清堂帖」「大観帖」の5篇からなる。
2469. 王羲之《十七帖》研究　黄君著　文物出版社　2009年8月
　　　　伝統的意義：《王羲之〈十七帖〉研究》読后　熹如　中国文物報2009年11月14日
2470. 秦漢石刻題跋輯録　全2冊　容媛輯録　胡海帆整理　上海古籍出版社　2009年9月
　　　　359種の秦漢石刻に対する歴代の学者の題跋に校勘を加える。
2471. 書法与碑帖十講　李志賢著　文物出版社　2009年9月
2472. 鑑斎叢帖初編　全2冊　黄君編?　文物出版社　2009年10月
2473. 淳化閣帖集釈　水賚佑編著　上海古籍出版社　2009年12月
2474. 宝晋斎碑帖集釈　何福安編著　黄山書社　2009年12月
　　　　安徽省無為県の宝晋斎に収蔵されている明清時期の書法家の題簽・題跋・観款及び鑑蔵印記150余点の拓本に釈文を付けて収録する。
2475. 経典碑帖釈文訳注　兪豊編著　上海書画出版社　2009年12月
2476. 中国法帖史　杏林(彭興林)著　山東美術出版社　2010年1月
　　　　[1]法帖彙刻伊始、[2]宋代法帖、[3]金代法帖、[4]元代法帖、[5]明代法帖、[6]清代法帖、[7]民国法帖、[8]単刻帖、[9]歴代法帖史料編年、の9章からなる。
2477. 碑帖鑑蔵　全2冊　趙海明著　天津古籍出版社　2010年3月
　　　　上巻は、数多くの実例を挙げて碑帖の種類・形制・発展と変遷の歴史・拓本の形成や装丁・拓本鑑別の基本方法などを説明し、下巻は、碑帖鑑賞家300余人を収録し鑑賞印2,000余点を紹介する。
2478. 王羲之《蘭亭集序》　（中国文化知識読本）　李冬編著　吉林文史出版社　2010年3月
2479. 中国碑拓鑑別図典　仲威著　文物出版社　2010年5月
　　　　先秦～唐代の歴代名碑350余点（先秦1・秦3・前漢4・後漢45・三国魏9・三国呉3・晋7・前秦1・南朝宋2・南朝梁6・北魏73・東魏13・北斉18・北周4・隋23・唐118）を収録。各碑刻の異なる時期の拓本を配列して、碑拓の真偽・新旧を鑑別し、年代を推定する。
2480. 故宮蔵品碑帖十種　全10冊　施安昌主編　許国平撰文　紫禁城出版社　2010年5月
2481. 古代碑帖訳注　王玉池訳注　文物出版社　2010年7月
　　　　甲骨文から宋代までの金石の碑帖70余に対して注釈と現代語訳を付す。
2482. 淳化閣帖辯正　曹大民著　上海古籍出版社　2010年8月
2483. 碑帖的鑑定与考辨　上海書画出版社編　上海書画出版社　2010年8月
2484. 漢石経斎文存　全2冊　（海豚書館16）　徐森玉著　徐文堪編　（北京）海豚出版社　2010年10月
　　　　漢石刻法帖等の論文及び若干の題跋、書信、詩詞などを収録。
2485. 名碑名帖詩文通解　胡文善著　山東人民出版社　2010年12月
2486. 宋人関于《蘭亭序》的収蔵与研究　（芸術史研究叢書）　陳一梅著　人民出版社　2011年3月
2487. 碑帖学基礎　喩蘭著　人民教育出版社　2011年5月
2488. 中国歴代名碑釈要　全2冊　彭興林編著　山東美術出版社　2011年6月

秦～明清（唐代以前中心）の名碑600余種に対する釈要を収録。

2489. **容庚学術著作全集**　（東莞歴代著作叢書）　全22冊　容庚編著　莞城図書館編　中華書局　2011年7月

    容庚(1894～1983)の著作24種を集大成。[14]金石学・古石刻零拾・簡体字典、[18～21]叢帖目

2490. **碑帖学導論**　劉天琪編著　陝西人民美術出版社　2011年8月

2491. **徐森玉文集**　徐森玉著　陳燮君・陳克倫主編　上海博物館編　上海書画出版社　2011年10月

2492. **王羲之《十七帖》彙考**　祁小春編著　上海書画出版社　2011年12月

2493. **蘭亭学探要**　（毛万宝書学論集系列叢書）　毛万宝著　安徽教育出版社　2011年12月

2494. **碑帖的収蔵故事**　（収蔵的故事叢書）　李緒傑著　故宮出版社　2011年12月

2495. **蘭亭的故事**　故宮博物院編　故宮出版社　2012年2月

2496. **啓功講碑帖**（紀念版）（DVD-PAL4枚）　啓功著　北京師範大学音像出版社　2012年7月

2497. **古碑帖品評注訳**　潘運告著　湖南美術出版社　2012年8月

2498. **金石拓本題跋集萃**　李亜平編　河北美術出版社　2012年9月

2499. **停雲館帖彙考**　全4冊　（明）文徴明彙集　周道振彙考　彷彿著　河南美術出版社　2012年12月

2500. **全国第二届碑帖学術研討会論文集**　鎮江焦山碑刻博物館編　文物出版社　2012年12月

2501. **王羲之の手紙：十七帖を読む**　（Tenrai Books 1）　尾崎学著　（日本）天来書院　2013年1月

附録1　碑学関係図書

2502. **儒学与書道：清代碑学的発生与建構**　（中国書法研究系列叢書）　周睿著　栄宝斎出版社　2008年12月

2503. **清代碑学的興起与発展：一個"範式"転換的研究**　（書法研究博士文庫）　胡泊著　南方出版社　2009年6月

2504. **近代碑学の書論史的研究**　菅野智明著　（日本）研文出版　2011年2月

    [1]起点としての阮元・包世臣説、[2]沈曾植の北碑論、[3]康有為『広芸舟双楫』の北碑論、[4]陶濬宣『稷山論書絶句』の北碑論、[5]梁啓超の北碑論、[6]北碑評価の類型、[7]北碑の貶斥、[8]南北書派説の是非、[9]方円論・書体史論の視点、[10]近代北碑論から蘭亭論弁へ、からなる。

附録2　書道（書法）関係図書

2505. **書法文庫**　全12冊　書法編輯部編　上海書画出版社　2008年1月

    石上風采、旅途珍翰、名篇佳書、名家講堂、美的沈思：美学篇、美的沈思：批評篇、群星璀璨、翰逸神飛、流光溢彩、書房擷趣、硯辺思緒、方寸天地、の12冊からなる。

2506. **孫過庭《書譜》**　（中国古代書法理論研究叢書）　譚学念著　江蘇美術出版社　2008

年1月

2507. **中国書法簡史** （高等院校美術理論系列教材）　周斌著　上海人民美術出版社　2008年3月

2508. **北宋書学文献考論** （旗山新文叢）　王宏生著　上海三聯書店　2008年3月

2509. **王羲之研究論集**　佐藤利行[等]主編　（日本）広島大学北京研究中心　2008年3月

2510. **図説漢字書法五千年**　羅樹宝　岳麓書社　2008年7月

2511. **明清書法史国際学術研討会論文集**　華人徳・王偉林[等]主編　上海古籍出版社　2008年7月

2512. **首届于右任国際学術研討会論文集**　首届于右任国際学術研討会論文集編委会編　復旦大学出版社　2008年7月

2513. **華人徳書学文集**　（当代書法理論文集系列叢書）　華人徳著　栄宝斎出版社　2008年8月
　　　　南北朝の碑誌刻書法に関する考論を含む。

2514. **書法研究的多重証据法：文物文献与書跡的綜合釈証**　（文字訓詁与書法文化研究叢書）　靳永著　斉魯書社　2008年8月

2515. **河北晋唐碑誌書法研究**　趙生泉・劉徳彪・周紅松・仇必鰲・史瑞英著　花山文芸出版社　2008年12月

2516. **南宋書法史**　（南宋史研究叢書）　方愛龍著　上海古籍出版社　2008年12月

2517. **初果集：朱関田論書文集**　（当代書法理論文集系列叢書）　朱関田著　栄宝斎出版社　2008年12月

2518. **中国書法史**　朱天曙著　文化芸術出版社　2009年1月

2519. **王羲之伝**　劉占召著　東方出版社　2009年1月

2520a. **田野書法考察成果集：龍門造像題記**　中国芸術研究院　中国書法院　王鏞主編　河北美術出版社　2009年1月

2520b. **書法田野考察成果集：千唐誌斎　六十品巻**　中国芸術研究院　中国書法院　王鏞主編　河北美術出版社　2009年1月

2521. **劉熙載《書概》**　（中国古代書法理論研究叢書）　鄒華著　江蘇美術出版社　2009年1月

2522. **啓功全集**　全20巻　啓功著　啓功全集編委会編　北京師範大学出版社　2009年1月〜2011年9月。**啓功全集**　全20巻(修訂版)　同　2012年9月

2523. **秦漢魏晋南北朝書法史**　黄惇著　江蘇美術出版社　2009年2月

2524. **燕趙書法史稿**　（燕趙文化研究系列叢書）　趙生泉著　科学出版社　2009年2月

2525. **謝无量書法芸術研究**　全2冊　李林著　中州古籍出版社　2009年3月

2526. **中国書法史**　曹宝麟著　江蘇教育出版社　2009年4月

2527. **書学叢考**　杉村邦彦著　（日本）研文出版　2009年4月

2528. **書に千秋の歴史あり：中国書法発展史**　王競雄編撰　遠藤寿美子翻訳　（台湾）国立故宮博物院　2009年4月

2529. **中国書法理論史**　王鎮遠著　上海古籍出版社　2009年5月

2530. **中国書法**　任徳山著　高等教育出版社　2009年5月

2531. **中国書道文化辞典**　西林昭一著　（日本）柳原出版　2009年6月

中国の先史伝説時代から近現代に到る文字・書道に関連する史料・人物・作品・用語・書籍・遺跡・逸話など総項目約 8000。

2532. **書法研究博士文庫** 全 7 冊　弘陶主編　南方出版社　2009 年 6 月
　　　草書流変研究　李永忠著、**唐宋《蘭亭序》接受問題研究**　白鋭著、**北宋汴京書法文化研究**　楊軍著、**蘇軾書法思想研究**　李放著、**宋元明時期『崇王』観念研究**　方波著、**清代書法批評中対形質的描述及其相関問題的研究**　周勲君著、**清代碑学的興起与発展：一個『范式』転換的研究**　胡泊著、からなる。

2533. **書法装飾道**：古代漢字書法装飾之道　陳道義著　文物出版社　2009 年 7 月
2534. **中国古代書論類編**　毛万宝・黄君主編　安徽教育出版社　2009 年 8 月
2535. **中国書法辞典（図文版）**　中国文物学会編　上海辞書出版社　2009 年 8 月
2536. **中国書法史**　沃興華著　湖南美術出版社　2009 年 8 月
2537. **中国書法史新論**（増訂本）　侯開嘉著　上海古籍出版社　2009 年 8 月
2538. **20世紀中国書学疑古考辨之研究**　徐清著　浙江人民出版社　2009 年 8 月
2539. **河南書法五千年：図文本：河南書法文化編年史**　趙心田主編　河南美術出版社　2009 年 8 月
2540. **千唐誌斎・唐誌書法研究**　楊慶興・衡剣超編著　中州古籍出版社　2009 年 9 月
2541. **漢字与書法芸術**（中華文化叢書）　楊燕群［等］著　百花洲文芸出版社　2009 年 9 月
2542. **書法文化地理研究**（中国書法研究系列叢書）　呉慧平著　栄宝斎出版社　2009 年 9 月
2543. **全国第八届書学討論会論文集**　中国書法家協会編　河南美術出版社　2009 年 9 月
2544. **第七届中国書法史論国際研討会論文集**　西安碑林博物館編　文物出版社　2009 年 10 月
2545. **書画金石**（中華伝統文化叢書）　朱天曙著　南京大学出版社　2009 年
2546. **中国書法鑑賞**大典：翰墨宝典　全 8 冊　霍宝珍主編　綫装書局　2009 年
2547. **中国書法芸術大師 顔真卿**　曾翔著　河北美術出版社　2009 年
2548. **魏晋南北朝書法美学研究**　文功烈著　広西師範大学出版社　2009 年 12 月
2549. **書画家必備：金石大字典**　全 2 冊（米）坎伯　黒龍江美術出版社　2009 年 12 月
2550. **張天弓先唐書学考辨文集**（当代書法理論文集系列）　張天弓著　栄宝斎出版社　2009 年 12 月
2551. **米芾書法史料集**（書家史料叢書）　水賚佑編　上海書画出版社　2009 年 12 月
2552. **墓誌碑刻書法名作**（中国文化知識読本）　鞏宇編著　吉林文史出版社　2010 年 1 月
2553. **中国書法芸術通論**　孔見著　漓江出版社　2010 年 1 月
2554. **沈尹默論芸**（近現代名家論芸経典文庫）　沈尹默原著　朱天曙選編　上海書画出版社　2010 年 1 月
　　　廿年夙願一朝償：《沈尹默論芸》読后　朱申生　中国文物報2010 年 7 月 28 日
2555. **図説漢字**　唐漢著　吉林出版集団有限任公司　2010 年 2 月
2556. **書法学概論**：大学書法教材　中国教育学会書法教育専業委員会編　天津古籍出版社　2010 年 4 月
2557. **中国書法発展史**　羅厚礼・姜寿田主編　中国教育学会書法教育専業委員会編　天津

古籍出版社　2010 年 4 月
2558. 梁鵠書法与故里研究　鄭彦卿著　寧夏人民出版社　2010 年 4 月
2559. 論書表校注与研究　張薇薇著　中国美術学院出版社　2010 年 6 月
2560. 隋代書法史　虞曉勇編著　人民美術出版社　2010 年 7 月
2561. 書学史料学　陳志平編著　人民美術出版社　2010 年 8 月
2562. 欧陽詢及《九成宮醴泉銘》研究文集　（中国国家画院中国書法創作研究院書法学術叢書）　張公者主編　栄宝斎出版社　2010 年 8 月
2563. 啓功論書法　啓功著　文物出版社　2010 年 8 月
2564. 書法研究与創作　何鑫著　黒龍江人民出版社　2010 年 8 月？
2565. 欧陽詢的書論与書法　房弘毅　文化芸術出版社　2010 年 8 月？
2566. 大家読的中国書法史　高明一著　文化芸術出版社　2010 年 9 月
2567. 北魏書法家鄭道昭家族研究　（社科文献論叢）　邢学敏著　綫装書局　2010 年 9 月
2568. 沙孟海全集　全 7 巻 12 冊　沙孟海著　朱関田総編　西泠印社出版社　2010 年 9 月
2569. "沙孟海論壇"曁中国書法史学国際学術研討会論文集　浙江省書法家協会主編　浙江古籍出版社　2010 年 9 月
2570. 中国書法百科全書　全 12 冊　李楠編著　北京燕山出版社　2010 年 10 月
　　　　［1］書法歴史、［2］書法遡源、［3］書法常識、［4］書法名家、［5］名家書芸、［6］名作鑑賞、［7］書法論著、［8］書法理論、［9］書法文化、［10］書法芸術、［11］書法典蔵、［12］書法軼趣、の全 12 冊からなる。
2571. 中国書法芸術学　白鶴著　学林出版社　2010 年 10 月
2572. 書の総合事典　井垣清明・石田肇・伊藤文生・澤田雅弘・鈴木晴彦・高城弘一・土屋昌明編著　（日本）柏書房　2010 年 11 月
　　　　中国・朝鮮・日本の東アジア全体を対象に、書道史編・テーマ編の二部構成により、書の歴史と文化について 340 項目、図版約 1200 点を収録。
2573. 虞世南与唐代書法　陳迎平主編　中国美術学院出版社　2010 年 12 月
2574. 中国歴代書法家図表：中国書法的歴史沿革及書風演変　李新主編　葉子著　上海人民美術出版社　2011 年 1 月
　　　　中国書法発展史に関する工具書。
2575. 中国書法講稿　賈長佑著　甘粛人民美術出版社　2011 年 2 月
2576. 韓天寿が愛した石刻資料　（皇学館大学講演叢書　第 125 輯）　上小倉一志［述］　（日本）皇学館大学出版部　2011 年 2 月
2577. 第八届中国書法史論国際研討会論文集　湖南大学岳麓書院・西安碑林博物館編　文物出版社　2011 年 3 月
2578. 宋代高僧墨迹研究　胡建明著　西泠印社出版社　2011 年 3 月
2579. 中国書法伝承史話　張春霖編著　黄河出版社　2011 年 4 月
2580. 書法美学論稿　周俊傑著　大象出版社　2011 年 5 月
2581. 守望中国書法　鐘家鼎著　海南出版社　2011 年 5 月
2582. 玄理与書道：一種対魏晋南北朝書法与書論的解読　（書法篆刻研究文叢）　鄧宝剣著　人民美術出版社　2011 年 5 月
2583. 明清書論集　全 2 冊　崔爾平選編点校　上海辞書出版社　2011 年 5 月

2584. 史晨碑写法与注釈　縢西奇著　山東美術出版社　2011年6月
2585. 乾嘉学者書法研究（美術学博士論叢）朱楽朋著　栄宝斎出版社　2011年6月
2586. 紀念傅山国際学術論文集　太原市晋祠博物館［等］編　中華書局　2011年7月
2587. 書史　季惟斉著　華東師範大学出版社　2011年8月
2588. 欧陽詢書論全集　房弘毅書写　卜希暘釈訳　（北京）西苑出版社　2011年8月
2589. 米芾書論全集　房弘毅書写　董雁釈訳　（北京）西苑出版社　2011年8月
2590. 民国書法篆刻史　孫洵　上海交通大学出版社　2011年8月
2591. 陝西書法史　全3冊　何炳武主編　陝西人民出版社　20111年9月
2592. 書法用語辞典　平勢雨邨・森高雲編　（日本）西東書房　2011年9月
2593. 書法審美哲学　周鷹著　西泠印社出版社　2011年10月？
2594. 越中書法史　胡源著　中国社会科学出版社　2011年11月
2595. 晋唐楷書研究（中国芸術研究院中国書法院史論叢書）中国書法院主編　栄宝斎出版社　2011年11月
2596. 隋唐墓誌蓋題銘芸術研究　（書法研究博士文庫第2輯）劉天琪著　南方出版社　2011年11月
2597. 李邕書法研究（書法研究博士文庫第2輯）王藟編著　南方出版社　2011年11月
2598. 書法美学概論（毛万宝書学論集系列叢書）毛万宝著　安徽教育出版社　2011年12月
2599. 欧陽中石訪談　黄殿琴著　中央編訳出版社　2011年12月
2600. 嶺南書法史（嶺南文庫）（修訂本）陳永正著　広東人民出版社　2011年12月
2601. 中国書法簡史　湯大民著　南京師範大学出版社　2012年1月
2602. 中国書法理論体系　熊秉明著　人民美術出版社　2012年1月
2603. 中国古代書法理論解読　喬志強編著　上海人民美術出版社　2012年1月
2604. 礼器碑写法与注訳　縢西奇編著　山東美術出版社　2012年1月
2605. 巻軸書法形制源流考述（邦文学術賛助計劃系列叢書）呉暁明著　上海社会科学院出版社　2012年3月
2606. 書法史話（中国史話・文学芸術系列叢書）朱守道著　社会科学文献出版社　2012年3月
2607. ［新訂］書の歴史：中国篇　伏見冲敬著　筒井茂徳補　（日本）二玄社　2012年3月
　　　『書の歴史：中国篇』1960年初版の新訂正版。
2608. 書法六問：饒宗頤談中国書法　人民美術出版社　2012年4月
2609. 書法文献検索挙要　楊海蛟著　中州古籍出版社　2012年5月
2610. 歴代書論名篇解析　文物出版社　2012年5月
2611. 中国歴代女書法家　周小儒［等］著　山東画報出版社　2012年5月
2612. 東堪石室銘：楊守敬蔵旧拓鄭道昭書雲峰刻石　李志賢編　文物出版社　2012年6月
2613. 一本書読懂中国書法　王志軍・張明慧・永年編著　中華書局　2012年6月
2614. 米芾研究　羅勇来・衡正安著　文物出版社　2012年6月
2615. 啓功談芸録：張志和学書筆記　張志和著　華芸出版社　2012年7月
2616. 書法談叢（文史知識文庫）劉涛著　中華書局　2012年7月

2617a. 歴代書法論文選　上海書画出版社・華東師範大学古籍整理研究室編　上海書画出版社　2012年8月

2617b. 歴代書法論文選　続編　崔爾平選編　上海書画出版社　2012年8月

2618. 中国古代書法史稿　王振璞著　人民日報出版社　2012年8月

2619. 東漢碑額書法芸術研究　（芸林選刊）　陳星平著　（台湾）文津出版社　2012年8月

2620. 中国書法史：魏晋南北朝巻　劉濤著　江蘇教育出版社　2012年8月

2621. 宋代書制論略　張典友著　文物出版社　2012年8月

2622. 王羲之書法精論　房弘毅書　文物出版社　2012年9月

2623. 書法的故事　呉克敬著　故宮出版社　2012年10月

2624. 詩法与書法：従唐宋論書詩看書法文献的文学性解読　由興波著　広西師範大学出版社　2012年11月

2625. 宮殿・摩崖石刻与永恒：南通範氏詩文世家研究文匯　（北京大学中国画法研究院.衆芳文存）　邵盈午著　北京大学出版社　2012年11月

2626. 中国書法芸術：第7巻 明代　崔陟編著　張啓亜主編　文物出版社　2012年12月

2627. 大学書法通識　王三山編著　武漢大学出版社　（近刊予告）

2628. もっと知りたい書聖王羲之の世界　（アート・ビギナーズ・コレクション）　島谷弘幸監修　富田淳・鍋島稲子・恵美千鶴子執筆　（日本）東京美術　2013年1月

附録3　金石家（清代後期以後）関係図書

2629. 周紹良年譜　李經国編　北京図書館出版社　2008年5月

2630. 夏日最後一朶玫瑰：記憶施蟄存　黄裳・小思・趙昌平・李欧梵著　陳子善編　上海書店出版社　2008年6月

2631. 趙之謙研究　全2冊　（美術学博士論叢）　張小庄著　栄宝斎出版社　2008年8月

2632. 繆荃孫研究　（文史哲研究叢刊）　楊洪升著　上海古籍出版社　2008年12月
　　博貫衡綜 嘉惠士林：評《繆荃孫研究》　杜東嫣　古籍新書報　2009年1月

2633. 呉昌碩研究　松村茂樹著　（日本）研文出版　2009年2月

2634. 金石夢故宮情：我心中的爺爺馬衡　馬思猛著　国家図書館出版社　2009年4月

2635. 張澍研究　（"河西歷史与文化"研究叢書　学者文叢）　崔雲勝著　天津古籍出版社　2009年6月

2636. 四川著名碑学書家：包弼臣余沙園　（巴蜀文化走進千家万戸叢書）　侯開嘉・趙仁春著　巴蜀書社　2009年9月

2637. 一代宗師布衣学者：羅爾綱先生伝　茅家琦著　鳳凰出版社　2010年11月

2638. 金石為開：金岳霖的人生芸術和欧陽中石的芸術人生　卞毓方・楊清汀著　作家出版社　2010年11月

2639. 漢宋之間：翁方綱学術思想研究　（清史研究叢書）　劉仲華著　中国人民大学出版社　2010年12月

2640. 容庚伝：我是野馬 我是鬼鎖　易新農・夏和順著　花城出版社　2010年12月

2641. 阮元書学思想研究　（"新世紀"学術著作出版基金叢書）　周斌著　華東師範大学出版社　2011年4月

2642. 史樹青伝：鑑定国宝的"国宝"　江蘇人民出版社　2012年2月

2643. 康有為 （広東歴代書家研究叢書） 蔡顕良著 嶺南美術出版社 2012年4月

2644. 容庚 （広東歴代書家研究叢書） 方孝坤著 嶺南美術出版社 2012年4月

2645. 商承祚 （広東歴代書家研究叢書） 王祥著 嶺南美術出版社 2012年4月

2646. 王献唐生平及其学術成就 （民国史学叢書31） 丁原基著 （台湾）国史館 2012年11月

2647. 黄易与金石学論集 故宮博物院編 故宮出版社 2012年12月

2648. 陳介祺与濰坊金石学 孫敏明[等]著 中国文史出版社 2012年12月

2649. 康有為大伝 張耀鑫・劉媛著 華中理工大学出版社 2013年1月

2650. 凡将斎日記(1948.12.13-1953.3.24) 1函8冊 馬衡著 国家図書館出版社 （近刊予告）

F　校点・校注・校補図書

2651. 陽城県郷土志：駢散体両種　陽城県金石記 （清）楊念先・楊蘭階・田九徳原著　栗守田標点校注 三晋出版社 2009年

2652. 金石録 （斉魯文化経典文庫） （宋）趙明誠撰 劉暁東・崔燕南校注 斉魯書社 2009年4月

2653. 書譜序注疏 （唐）孫過庭撰 周士芸注疏 上海古籍出版社 2009年12月

2654. 登科記考再補正 王洪軍著 広西師範大学出版社 2010年1月
　　　（清）徐松撰、孟二冬補正『登科記考補正』全3冊（北京燕山出版社、2003年7月）を新出土の墓誌・題記や地方志・宗譜などの資料と伝世文献を基に再補正する。

2655. 東観余論 （中国美術論著叢刊） （宋）黄伯思撰 李萍点校 人民美術出版社 2010年7月

2656. 集古録跋尾 （宋）欧陽修原著 鄧宝剣・王怡琳注釈 人民美術出版社 2010年8月

2657. 広芸舟双楫（外一種） （国学基本文庫） （清）康有為著 姜義華・張栄華編校 中国人民大学出版社 2010年10月

2658. 陽城歴史名人文存　第8冊 孫英芳[等]整理 三晋出版社 2010年
　　　（清）楊念先・楊蘭階・田九徳著、李雪梅・李豫整理『陽城金石記』を収録する。

2659. 貴州通志：金石志・古迹志・秩祀志（外一種） 貴州文史館点校 貴州大学出版社 2010年12月

2660. 南漢金石志補徴・南漢叢録補徴 （広州史志叢書） （清）呉蘭修輯・（清）梁廷枏輯　陳鴻鈞・黄兆輝補徴 広東人民出版社 2010年12月
　　　原書の記事を一条ごとに石刻を含む大量の文献で考証する。『南漢金石志補徴』に「金石補遺」を附録し、27点の金石資料とその考証を収める。

2661. 歴代金石考古要籍序跋集録　全5冊 （浙江省博物館学人叢書） 桑椹編纂 浙江古籍出版社 2010年12月
　　　宋元明、清代、民国の三編に分け金石考古類著作690種の序跋2400余篇を収録。

2662. 広東通志．金石略 （嶺南文庫） （清）阮元[等]著 梁中民点校 広東人民出版社 2011年3月

2663. 書譜訳注 （中国書法経緯論叢） 馬国権 紫禁城出版社 2011年7月

2664. 趙紹祖金石学三種　（安徽古籍叢書）　（清)趙紹祖撰　牛継清・趙敏校点　黄山書社
　　　 2011年9月
2665. 建康古今記・京東考古録・譎觚十事・金石文字記・石經考・顧氏譜系考・求古録・
　　　 官田始末考　（顧炎武全集第5冊）　（清)顧炎武撰　華東師範大学古籍研究所整理
　　　 上海古籍出版社　2011年12月
2666. 《登科記考補正》考補　許友根著　南京大学出版社　2011年12月
　　　　　（清)徐松撰、孟二冬補正『登科記考補正』全 3 冊(北京燕山出版社、2003年7月)を
　　　　　新出土の墓誌・題記や地方志・宗譜などの資料と伝世文献を基に再補正する。
2667. 宣和書譜　（宋)佚名著　范紅娟点校　人民美術出版社　2011年12月
2668. 新増格古要論　（中国芸術文献叢刊）　（明)王佐撰　陳剣点校　浙江人民美術出版社
　　　 2011年12月
2669. 粤東金石略補注　（嶺南文庫）　（清)翁方綱著　欧広勇・伍慶禄補注　広東人民出版
　　　 社　2012年1月
2670. 格古要論　（中華生活経典）　（明)曹昭著　楊春俏編著　中華書局　2012年2月
2671. 庚子銷夏記　（中国芸術文献叢刊）　（清)孫承澤撰　白雲波・古玉清点校　浙江人民
　　　 美術出版社　2012年3月
2672. 辛丑消夏記　（中国芸術文献叢刊）　（清)呉栄光撰　欒保群点校　浙江人民美術出版
　　　 社　2012年6月
2673. 法書要録　（中国芸術文献叢刊）　（唐)張彦遠撰　武良成・周旭点校　浙江人民美術
　　　 出版社　2012年6月
2674. 宣和書譜　（中国芸術文献叢刊）　（宋)佚名撰　王群栗点校　浙江人民美術出版社
　　　 2012年6月
2675. 弇州山人題跋　全2冊　（中国芸術文献叢刊）　（明)王世貞撰　湯志波輯校　浙江人
　　　 民美術出版社　2012年7月
2676. 書譜　（中華生活経典）　（唐)孫過庭著　鄭暁華編著　中華書局　2012年7月
2677. 書史会要　続書史会要　（中国芸術文献叢刊）　（明)陶宗儀［等］著　徐美潔点校　浙
　　　 江人民美術出版社　2012年7月
2678. 格古要論　（中国古代物質文明史）　（明)曹昭・（明)王佐著　趙菁編　金城出版社
　　　 2012年7月
2679. 墨池編　全2冊　（中国芸術文献叢刊）　（宋)朱長文纂輯　何立民点校　浙江人民美
　　　 術出版社　2012年8月
2680. 東洲草堂金石跋・鄭斎金石題跋記　（中国芸術文献叢刊）　（清)何紹基著・（清)沈樹
　　　 鏞著　汪政校注　浙江人民美術出版社　2012年10月

G　石刻・碑帖・書道(書法)関係邦訳図書
2681. 述書賦全訳注　大野修作著　勉誠出版　2008年2月

H　石刻紀行関係図書
2682. 中国文字文化の旅：書の史跡・博物館　全域徹底ガイド　横田恭三著　（日本)芸術

新聞社　2010 年 11 月
　　　中国全域 203 ヵ所を現地調査。図版多数を掲載する。

I　伝拓関係図書・その他

2683. **伝拓与伝拓技法問答**　賈雙喜著　図家図書館出版社　2010 年 9 月
2684. **賈文忠金石伝拓集**　賈樹編著　文物出版社　2012 年 1 月
2685. **中国伝拓技芸通解**　馬国慶著　人民美術出版社　2012 年 2 月
2686. **中国伝拓技芸図典**　図家図書館編著　紫禁城出版社　2012 年 5 月
　　　伝拓技芸の生産と発展、伝拓技芸と拓本、伝拓技芸の広範使用、伝拓の材料、工具及びプロセス、伝拓の伝承と保護の 5 章に分けて収録する。巻末に「国家珍貴古籍名録中的碑帖目録」、「当代伝拓名家作品」、「伝拓名家名録」を附す。

Ⅳ　字体（字形）関係図書
A　石刻文字・異体字（俗字・別字）関係図書

3001. **天書＝The sealed book**　韓美林著　百花文芸出版社　2008年1月。[**天書：失われた古代文字を求めて**　韓美林著　吉田庸子訳　（日本）河出書房新社　2009年11月]

3002a. **古文字考釈提要総覧1**　潘玉坤主編　上海人民出版社　2008年8月

3002b. **古文字考釈提要総覧2**　劉志基[等]主編　上海人民出版社　2010年5月

3002c. **古文字考釈提要総覧3**　劉志基[等]主編　張再興分冊主編　上海人民出版社　2011年12月

3003. **中古漢字流変**　全2冊　臧克和著　華東師範大学出版社　2008年10月

3004a. **中国異体字大系：楷書編**　王平主編　上海書画出版社　2008年12月

3004b. **中国異体字大系：隷書編**　臧克和・郭瑞主編　上海書画出版社　2010年12月

3005. **隷書辨異字典**　沈道栄編著　文物出版社　2009年1月

3006. **魏晋南北朝碑別字研究**　（文史哲学術文叢）　陸明君著　文化芸術出版社　2009年1月

3007. **古文字演変趣談**　夏渌著　劉欣耕・陳行健編　文物出版社　2009年2月

3008. **中華壽字五千年**　全2冊　王雲荘編著　大象出版社　2009年3月

3009. **籀篆字源研究**　王美盛著　斉魯書社　2009年4月

3010. **広東俗語正字考**　（次文化普及文化系列叢書 206）　彭志銘著　（香港）次文化堂有限公司　2009年7月

3011. **消えゆく文字：中国女文字の世界**　遠藤織枝・黄雪貞編著　（日本）三元社　2009年9月

3012. **墓碑**　全2冊　大字版　2冊　楊継縄　（香港）天地図書有限公司　2009年10月

3013. **漢語俗字研究**　増訂本　張涌泉著　商務印書館　2010年1月

3014. **金石字滙**　第2版?　張国維編　内蒙古人民出版社　2010年1月

3015. **斉文字編**　孫剛編纂　福建人民出版社　2010年1月
　　　　春秋戦国時期斉系文字を収録、字形は兵器・銅器銘文、璽印、貨幣、陶文などから採る。

3016. **魏晋南北朝石刻文字**　（中国石刻叢書）　臧克和主編　郭瑞著　南方日報出版社　2010年8月
　　　　[1]緒論 [2]字体 [3]異体 [4]伝承与新造 [5]構件 [6]筆画、[7]余論、からなる。

3017. **隋唐石刻与唐代字様**　（中国石刻叢書）　臧克和主編　劉元春著　南方日報出版社　2010年8月
　　　　[1]緒論、[2]基本属性測査、[3]《干禄字書》字様学理与楷化因素、[4]《干禄字書》字例疏証、[5]《五経文字》・《新加九経字様》　伝承《説文》研究（一）、[6]同前（二）、附録《字様学研究論著簡述》参考文献、からなる。

3018. **漢語古文字字形表**　（補訂版）　全3冊　徐中舒主編　《漢語古文字字形表》編写組編　中華書局　2010年10月

3019. **漢語異文字典**　陳荊長編著　厦門大学出版社　2010年11月

3020. **漢碑書法字典**（歴代名家書法字典）　湖北美術出版社編・印　2011年3月
3021. **魏碑書法字典**（歴代名家書法字典）　湖北美術出版社編・印　2011年3月
3022. **隋唐五代石刻文字**　（中国石刻叢書）　臧克和主編　李海燕著　南方日報出版社　2011年3月
3023. **漢魏六朝隋唐五代字形表**　（中国石刻叢書）　臧克和主編　郭瑞[等]編写　南方日報出版社　2011年4月
3024. **疑難字続考**　楊宝忠著　中華書局　2011年4月
3025. **韓国漢文古文献異形字研究之異形字典**　呂浩編　上海大学出版社　2011年6月
3026. **隷字異形考辨**　欒伝益編著　西冷印社出版社　2011年7月
3027. **納西東巴文異体字関係論**　劉悦著　安徽文芸出版社　2011年9月
3028. **江永女書文字研究**　（湖湘文庫）　彭沢潤著　岳麓書社　2011年12月
3029. **両漢鏡銘文字研究**　邱龍昇著　中国社会科学出版社　2012年1月
3030. **日本難字異体字大字典**　井上辰雄監修　日本難字異体字大字典編集委員会編　（日本）遊子館　2012年1月
3031. **敦煌仏典語詞和俗字研究**　（語言科技文庫・古代漢語学研究系列叢書）　于淑健著　上海古籍出版社　2012年4月
3032. **浙江地名疑難字研究**　劉美娟著　中国社会科学出版社　2012年4月
3033. **河南早期刻画符号研究**　袁広闊・馬保春[等]著　科学出版社　2012年6月
3034. **漢魏六朝碑刻異体字研究**　毛遠明著　商務印書館　2012年6月
3035. **六体書法異体通用字大辞典**　全3冊　程宝玉編　江蘇科学技術出版社　2012年6月？
3036. **徽州文書俗字研究**　（青年学術叢書・文化）　方孝坤著　人民出版社　2012年7月

B　その他の字典・字書

3037. **中国篆書大字典**　全2冊　陳振濂主編　季琳分巻主編　浙江古籍出版社　2008年1月
3038. **中国草書大字典**　全2冊　陳振濂主編　浙江古籍出版社　2008年1月
3039. **鄭板橋書法大字典**　韓鳳林・宮玉果編　人民美術出版社　2008年1月
3040. **中国楷書大字典**　全2冊　陳振濂主編　浙江古籍出版社　2008年3月
3041. **趙孟頫書法字彙**　沈道栄編　中国和平出版社　2008年4月
3042. **夏漢字典**　修訂本　李範文編著　賈常業増訂　中国社会科学出版社　2008年6月
　　　『夏漢字典』1997年7月の修訂本。
3043. **隷書辨異字典**　修訂本　沈道栄著　文物出版社　20008年6月
　　　『隷書辨異字典』2003年5月の修訂本。
3044. **章草伝帖**　余徳泉[等]編著　中州古籍出版社　2008年8月
3045. **漢隷字典**　全2冊　翟雲昇編　山東美術出版社　2008年10月
3046. **篆刻大字典**　全2冊　王林主編　人民美術出版総社　2008年12月
3047. **行書大字典**　上海書画出版社編・印　2008年12月
3048. **篆書大字源**　全2冊　（中国歴代書法碑帖）　溥奎主編　吉林美術出版社　2009年1月

3049. **隷書大字源**　全 2 冊　（中国歴代書法碑帖）　溥奎主編　吉林美術出版社　2009 年 1 月
3050. **行書大字源**　全 2 冊　（中国歴代書法碑帖）　溥奎主編　吉林美術出版社　2009 年 1 月
3051. **草書大字源**　全 2 冊　（中国歴代書法碑帖）　溥奎主編　吉林美術出版社　2009 年 1 月
3052. **中国女字字典**　謝志民・謝燮編著　民族出版社　2009 年 3 月
3053. **雑字類函**　全 11 冊　李国慶編　学苑出版社　2009 年 6 月
　　　明代～民国刻本・鈔本の雑字書157種を収録。
3054. **篆楷字彙**　全 2 冊　殷雨安著　中国書店　2009 年 8 月
3055. **彝文字釈**　王子国編著　貴州民族出版社　2009 年 11 月
3056. **篆書大字典**　上海書画出版社編・印　2009 年 12 月
3057. **章草大字典**　全 2 冊　程同根主編　李静・張雪梅・郭長彬編写　西泠印社出版社　2009 年 12 月
3058. **新書源**　二玄社編集部編　（日本）二玄社　2009 年 12 月
3059. **中国篆書字典**　司恵国・王玉孝主編　藍天出版社　2010 年 1 月
3060. **中国隷書字典**　司恵国・王玉孝主編　藍天出版社　2010 年 1 月
3061. **中国草書字典**　司恵国・王玉孝主編　藍天出版社　2010 年 1 月
3062. **毛沢東書法大字典**　全 3 冊　中央档案館編　人民出版社　2010 年 2 月
3063. **新編同音通用漢字標準草書字典**　韋宏達編著　文物出版社　2010 年 3 月
3064. **漢語大字典**　第 2 版　全 9 冊　四川辞書出版社・崇文書局　2010 年 4 月
　　　初版(1986～1990 年)の注音や字形の誤り不備を訂正し、「音項」や「例句」を増補し、初版にあった大量の「音義未詳字」の発音や字義を解釈。収録文字数も初版の54678 字から60370 字に増加する。
3065. **総合篆書大字典**　綿引滔天編　（日本）二玄社　2010 年 4 月
3066. **中国楷書字典**　司恵国・王玉孝主編　藍天出版社　2010 年 7 月
3067. **中国行書字典**　司恵国・王玉孝主編　藍天出版社　2010 年 7 月
3068. **王羲之書法字典**　（中華伝統書画珍蔵叢書）　陳志堅主編　中州古籍出版社　2010 年 8 月
3069. **顔真卿書法字典**　（中華伝統書画珍蔵叢書）　周成華・史歌主編　中州古籍出版社　2010 年 8 月
3070. **標准草書大字典**　任漢平撰稿　王喜慧主編　世界図書出版公司西安公司　2010 年 9 月
3071. **古文字釈要**　李圃主編　上海教育出版社　2010 年 9 月
　　　『古文字詁林』全12冊(上海教育出版社、999 年～2004 年)を基に考釈し要点を精選編纂した古文字類工具書。
3072. **篆書字形大字典**　李鉄良撰　山西人民出版社　2010 年 12 月
3073. **草書大字典**　全 2 冊　彭興林編　山東美術出版社　2010 年 12 月
3074. **晋唐二王書系字典**　李明桓[等]編　上海書画出版社　2010 年 12 月
3075. **古代文字字典全集**　全 6 巻　城南山人編著　（日本）木耳社　2011 年 1 月

[1]甲骨文宝典、[2]金文宝典、[3]春秋戦国文字宝典、[4]古文宝典、[5]続古文宝典、[6]説文解字宝典、からなる。

3076. **龍虎書法大字典**　黄全信主編　農村読物出版社　2011 年 1 月
3077. **福寿書法大字典**　黄全信主編　農村読物出版社　2011 年 1 月
3078. **鳥虫書彙編**（百年精華）侯福昌輯　台湾商務印書館　2011 年 2 月
3079. **八大山人書法字典**　(歴代名家書法字典)　湖北美術出版社編・印　2011 年 3 月
3080. **趙之謙書法字典**　(歴代名家書法字典)　湖北美術出版社編・印　2011 年 3 月
3081. **毛澤東書法大字典**　全 6 冊　中央档案館編著　人民出版社　2011 年 6 月
3082. **中国象形字大典**　熊国英著　天津古籍出版社　2012 年 1 月
3083. **多体書法大字典**　全2冊　《多体書法大字典》編委会編　上海辞書出版社　2012 年 1 月
3084. **書法大字典**　全 2 冊　張又棟著　新時代出版社　2012 年 1 月
3085. **篆書難記字輯録**　孫亜歌編著　中州古籍出版社　2012 年 1 月
3086. **趙佶書法字典**　(歴代名家書法字典)　湖北美術出版社編・印　2012 年 5 月
3087. **中国書法大字典**　全 5 冊　孫雋主編　江西美術出版社　2012 年 6 月
　　　　篆書巻、楷書巻、行書巻、草書巻、隷書巻、からなる。
3088. **中国篆刻大字典**　全 3 冊　孫雋主編　江西美術出版社　2012 年 6 月
3089. **行草大字典**　全 2 冊　孫雋主編　江西美術出版社　2012 年 6 月
3090. **書法大字典**　商務国際辞書編輯部編　商務印書館国際有限公司　2012 年 8 月
3091. **草書異部同形大字典**　劉少英編著　沈鵬校注　学林出版社　2012 年 8 月
3092. **中国標准草書大典**　陳墨石主編　上海辞書出版社　2012 年 10 月
3093. **漢字字体史研究**　石塚晴道編　（日本）勉誠出版　2012 年 11 月

V 目録(索引)・地図
A 石刻・刻工目録

4001. 世界遺産龍門石窟日中共同写真撮影プロジェクト報告書(画像目録)　(日本)東京文化財研究所文化遺産国際協力センター　2008年3月

4002. 広西石刻目録　張益桂編　前掲0367.『広西石刻人名録』(漓江出版社、2008年9月)の附録

4003. 六朝墓誌検要(修訂本)　(崇善樓書系叢書)　王壮弘・馬成名編纂　上海書店　2008年10月

4004. 漢魏六朝碑刻校注・總目提要　毛遠明編著　綫装書局　2008年12月
　　　前掲0022.毛遠明編『漢魏六朝碑刻校注』(綫装書局、2008年12月)の總目提要。

4005. 中国少数民族古籍總目提要　国家民族事務委員会全国少数民族古籍整理研究室編　中国大百科全書出版社　2008年12月～(刊行中)
　　　哈尼族巻、回族巻(銘刻)、羌族巻、仏佬族巻、毛南族巻・京族巻、達斡爾族巻、土家族巻、鄂温克族巻、黎族巻、貴州彝族巻(畢節地区)、赫哲族巻、苗族巻、彝族巻、侗族巻、維吾爾族巻(銘刻類・文書類・講唱類)、などに「銘刻類」の項目を収める。

4006. 宋代神道碑目録　榎並岳史編　(日本・新潟大学)資料学研究第6号　2009年3月

4007. 可見元代石刻拓影目録稿：(自癸未年至元20年)・続(從至元21年至至元31年)・三続(成宗年間)・四続(武宗仁宗年間)　森田憲司編　(日本)奈良大学総合研究所所報17～20、2009年3月～2012年3月

4008. 河南省回族古籍総目提要　河南省民族事務委員会編纂　中州古籍出版社　2009年10月
　　　銘刻類に230通の題名を収めるという。

4009. 新版 唐代墓誌所在総合目録(増訂版)　(明治大学東洋史資料叢刊5)　氣賀澤保規編、落合悠紀・堀井裕之・会田大輔編集協力　(日本)明治大学東アジア石刻文物研究所　2009年10月
　　　氣賀澤保規編『新版 唐代墓誌所在総合目録』2004年3月の増訂版。ほぼ2007年まで刊行の各種資料集から増補し、所載の墓誌・墓誌蓋の総数8737点という。墓誌銘索引を附す。

4010. 新出北朝隋代墓誌所在総合目録(2006－2010年)　梶山智史編　東アジア石刻研究第3号　(日本)明治大学東アジア石刻文物研究所　2011年3月

4011. 石経山九洞所蔵隋唐石経目録　氣賀澤保規編　東アジア石刻研究第3号　(日本)明治大学東アジア石刻文物研究所　2011年3月
　　　房山雲居寺石経山所蔵の石経：「石経山九洞所蔵隋唐石経目録」の作成をめぐって　氣賀澤保規著　東アジア石刻研究第3号　(日本)明治大学東アジア石刻文物研究所　2011年3月

4012. 洛陽出土墓誌目録続編　洛陽市文物考古研究院編　周立主編　国家図書館出版社　2012年10月
　　　洛陽市文物管理局・洛陽市文物工作隊編『洛陽出土墓誌目録』(朝華出版社、2001年10月)の続編。

附録　石刻（墓誌）に基づく索引

4013. **魏晋南北朝墓誌人名地名索引：『漢魏南北朝墓誌彙編』『新出魏晋南北朝墓志疏証』篇**　伊藤敏雄主編　中村圭爾・室山留美子編　平成 20(2008)年度科学研究費補助金〈基盤研究(B)〉「出土史料による魏晋南北朝史像の再構築」研究資料　（日本）大阪教育大学　2008 年 9 月

4014. **魏晋南北朝墓誌官職名索引：『漢魏南北朝墓誌彙編』『新出魏晋南北朝墓志疏証』篇**　中村圭爾・室山留美子編　(研究代表者平田茂樹　平成 17 年度～平成 21 年度科学研究費補助金(特定領域研究)「前近代中国の中央・地方・海外を結ぶ官僚システム」研究成果報告書)　2009 年 11 月

4015. **唐五代文作者索引**　陳尚君編　中華書局　2010 年 10 月
    《全唐文》、《唐文拾遺》、《唐文続拾》、《全唐文補遺》、《全唐文補編》、《唐代墓誌彙編》《唐代墓誌彙編続集》などのほか、2009 年までに確認された多数の唐五代文献に依拠し、現存する唐五代文献の作者名を収録する。

4016. **人名索引**（張忱石編）　趙君平・趙文成編『秦晋豫新出墓誌蒐佚』全4冊（国家図書館出版社、2012 年 1 月）の巻末附録
    趙君平編『邙洛碑誌三百種』（中華書局、2004 年 7 月）、趙君平・趙文成編『河洛墓刻拾零』全 2 冊（北京図書館出版社、2007 年 7 月）及び『秦晋豫新出墓誌蒐佚』全4冊に収録する碑誌の「誌主、撰者、書者、鐫者」の索引。

B　機関（個人）所蔵石刻・拓本目録（図録）

①　中国

4017. **周紹良年譜**　李經国編　北京図書館出版社　2008 年 5 月
    1994 年周紹良捐贈国家図書館拓片目録、2002 年国家図書館・天津図書館収購周紹良蔵拓片目録などを附す。

4018. **嘉蔭簃金石碑目**　劉燕庭編　広陵古籍刻印社　2008 年

4019. **天一閣書目・天一閣碑目**　全 2 冊　(中国歴代書目題跋叢書第 3 輯)　（清）范邦甸［等］撰　江曦・李婧点校　杜澤遜審訂　上海古籍出版社　2010 年 12 月
    《天一閣碑目》は碑刻拓本 804 種を著録。

4020. **天一閣碑帖目録彙編**　駱兆平・謝典勲編著　上海辞書出版社　2012 年 3 月
    天一閣碑目、天一閣見存碑目、天一閣見存帖石目、鄞県通志館移贈碑帖目録、清防閣贈碑帖目録、別宥斎贈碑帖目録、天一閣新増碑帖目録からなる。

4021. **震旦博物館蔵品図録：玉器・瓷器・画像石刻**　震旦芸術博物館編・印　2012 年

②　台湾

4022. **中央研究院歴史語言研究所蔵遼金石刻拓本目録**　(中央研究院歴史語言研究所目録索引叢刊)　洪金富主編　（台湾）中央研究院歴史語言研究所　2012 年 2 月
    中央研究院歴史語言研究所傅斯年図書館所蔵の石刻拓本、遼代 67、金代 253、西夏 1、劉斉 2、金斉時期重刻・翻刻前朝碑志 10、明代復刻遼碑 1、年月不詳・帰属年代有疑・無文字画像 13、合計 347 種の説明と縮小拓本写真を収録。

③　日本

4023. **中国拓本資料目録** （末永雅雄先生旧蔵資料集　第 2 集）　奈良県立橿原考古学研究所編　（日本）橿原考古学協会　2009 年 7 月

C　石刻文献目録・地図

4024. **留学・滞在報告：留学中に入手した中国石刻関係書籍**　梶山智史編　明大アジア史論集 12　（日本）明治大学東洋史談話会　2008 年 9 月

4025. **中国石刻関係図書目録(1949－2007)　附『石刻史料新編』(全4輯)書名・著者索引**　高橋継男編　（日本）汲古書院　2009 年 2 月

  本書の前編。中国及び諸国・諸地域で刊行された関係図書名 3290 点を採録し、『石刻史料新編』全 4 輯 100 冊（新文豊出版公司、1977 ～ 2006 年）所収文献 1090 種の書名・著者索引を附す。
  書評：《中国石刻関係図書目録(1949 － 2007)》　仇鹿鳴　唐研究 15　北京大学出版社　2009 年 12 月
  新刊紹介：高橋継男編『中国石刻関係図書目録(1949 － 2007)　附『石刻史料新編』(全4輯)書名・著者索引』　堀内淳一　（日本）史学雑誌 118-12　2009 年 12 月
  書評：同上　堀井裕之　（日本）白山史学 46　2010 年 4 月
  書評：同上　梶山智史　（日本）唐代史研究 13　2010 年 8 月

4026. **碑刻文献論著叙録（北魏－2009）全 3 冊**（中国石刻文献研究叢刊 7）　曾暁梅編著　綫装書局　2010 年 10 月

  北魏～ 2009 年の歴代石刻著録・研究論著 1944 種（北魏 3・唐 5・宋 32・元 10・明 37・清 709・民国 331・共和国 817）の提要。論著目録索引、作者索引、未経眼論著存目索引を附す。

4027. **歴代金石考古要籍序跋集録**　全 5 冊　（浙江省博物館学人叢書）　桑椹編纂　浙江古籍出版社　2010 年 12 月

  宋元明、清代、民国の 3 編に分け金石考古類著作 690 種の序跋 2400 余篇を収録。巻末に著作書名索引、序跋作者人名索引を附す。

4028. **陶文論著目**　徐在国編　印学研究第 2 輯：陶文研究専輯　山東大学出版社　2010 年 12 月

4029. **漢画文献目録索引**（漢画文献集成　第1巻）　黄雅峰・張暁茹編著　浙江大学出版社　2011 年 12 月

  1900 年～ 2008 年までの漢画研究論文の目録。漢代画像石・画像磚、漢代壁画、漢代帛画、漢代絲綢、漢代雕塑、漢代陶瓷器、漢代玉器、漢代漆器、漢代銅器、漢代木器、漢代碑刻璽印、漢代建築の 12 分類からなる。

附録　考古学関係文献目録・年鑑・地図

4030. **中国考古学年鑑(2007)～同(2011)**　中国考古学会編　文物出版社　2008年10月～2012年11月

  この中の「考古文物新発現」「考古学文献資料目録：考古学書目・考古学論文資料索引・新発表古代銘刻資料簡目」などは石刻研究に極めて有益。

4031a. **中国文物地図集：江蘇分冊**　全 2 冊　国家文物局主編　中国地図出版社　2008年5月

4031b. **中国文物地図集：北京分冊**　全 2 冊　国家文物局主編　北京市文物局編制　科学出

版社　2008年7月

4031c. **中国文物地図集：遼寧分冊**　全2冊　国家文物局主編　西安地図出版社　2009年7月

4031d. **中国文物地図集：四川分冊**(附DVD-ROM)　全3冊　国家文物局主編　文物出版社　2009年9月

4031e. **中国文物地図集：浙江分冊**　全2冊　国家文物局主編　文物出版社　2009年12月

4031f. **中国文物地図集：重慶分冊**(附DVD-ROM)　全2冊　国家文物局主編　文物出版社　2010年6月

4031g. **中国文物地図集：寧夏回族自治区分冊**(附DVD-ROM)　国家文物局主編　文物出版社　2010年11月

4031h. **中国文物地図集：西蔵自治区分冊**(附DVD-ROM)　国家文物局主編　文物出版社　2010年12月

4031i. **中国文物地図集：甘粛分冊**　全2冊　国家文物局主編　測絵出版社　2011年6月

4031j. **中国文物地図集：新疆維吾爾自治区分冊**(附CD-ROM)　全2冊　国家文物局主編　文物出版社　2012年9月

4032. **河北文物考古文献目録**　許潞海・成彩紅編著　河北人民出版社　2008年12月
　　《文物春秋》100期総目録（1989.1-2008.2）、期刊・文集刊載文章部分、《中国文物報》(1985-2007)所載文章部分、書目部分、附録　河北省全国重点文物保護単位名録(1-6批)、河北省重点文物保護単位名録(1-5批)、本編収録作者索引

4033. **北京文物地図集**　全2冊　北京市文物局編　梅寧華主編　科学出版社　2009年7月

4034. **河北田野考古文献目録(1949～2008)**　河北省文物研究所編著『河北考古重要発現1949～2009』(科学出版社、2009年12月)に附録

4035. **秦考古学文献叙録**　張衛星[等]編　三秦出版社　2010年9月

4036. **19-20世紀俄羅斯遠東南部地区考古学：主要作者生平及著作目録索引**　(俄)H.A.克柳耶夫著　宋玉彬・劉玉成・張桂蘭・解峰・楊春訳　張桂蘭・余静・馮恩学・李有騫校注　文物出版社　2010年10月

4037. **敦煌芸術論著目録類編**　王暁玲・李茹編　甘粛教育出版社　2011年12月

[参考]考古研究文献集成

4038a. **中国考古集成：綜述巻 上**　全20冊　（東亜文庫）　孫海・藺新建主編　中州古籍出版社　2008年8月

4038b. **中国考古集成：綜述巻 下**　全36冊・DVD1枚　（東亜文庫）　孫海・藺新建主編　中州古籍出版社　2009年9月

4039. **洛陽考古集成・補編2**　洛陽市文物鑽探管理辦公室・洛陽師範学院河洛文化国際研究中心編　朱世偉・安亜偉主編　国家図書館出版社　2010年5月

4040. **華東考古文献**　全20冊（中国華東文献叢書〈全8輯201冊〉第7輯〈176-195〉熊月之総主編　甘粛省古籍文献整理編訳中心編）　賀雲翱・樊桂敏輯主編　学苑出版社　2010年10月?

4041. **東胡烏桓鮮卑研究集成**　全12冊　（中国古代民族研究集成 2）　孫海・藺新建主編

中州古籍出版社　2010 年 11 月

4042. **北京考古工作報告 2000-2009**　全 12 冊（北京文物与考古系列叢書）宋大川主編
上海古籍出版社　2011 年 6 月
　　　奥運巻、城区巻、房山・豊台・門頭溝・石景山巻、密雲・懐柔・昌平巻、南水
　　　北調巻、平谷・通州・順義巻、延慶巻、亦荘巻、朝陽巻、海淀巻、大興巻、建築
　　　遺址巻、の 12 巻に分ける。

4043. **福建考古資料彙編：1953－1959**　福建博物院編　科学出版社　2011 年 7 月
　　　1950 年代に福建文物管理委員会が刊行した《福建古窯址》、《福建古墓葬》、《福
　　　建新石器時代遺址》の 3 冊の油印本を新たに修訂して 1 冊に収録。

4044. **華北考古文献**　全 20 冊（中国華北文献叢書〈全 8 輯 201 冊〉第 7 輯〈171-190?〉
　　　傅璇琮総主編　甘粛省古籍文献整理編訳中心編）　沈睿文輯主編　学苑出版社
　　　2011 年 10 月？

明治大学東洋史資料叢刊 10

中国石刻関係図書目録 (2008－2012 前半) 稿

高橋　継男　編

A Catalogue of Written Sources Related to the Stone Inscriptions of China,
from 2008 through the first half of 2012
by TAKAHASHI Tsuguo

発行日	平成 25 年（2013）3 月 29 日
発行所	明治大学東アジア石刻文物研究所
	〒101－8301　東京都千代田区神田駿河台 1－1　明治大学文学部内
発売所	汲古書院
	〒102－0072　東京都千代田区飯田橋 2－5－4
印刷所	富士リプロ（株）
	〒101－0048　東京都千代田区神田司町 2－14

©2013　TAKAHASHI Tsuguo　　　　　　　　　　ISBN978-4-7629-9510-1